新しい体育授業の創造

Sport Education
Quality PE Through Positive Sport Experiences

── スポーツ教育の実践モデル ──

ダリル・シーデントップ=著

髙橋健夫=監訳

大修館書店

Sport Education : Quality PE Through Positive Sport Experiences
by
Daryl Siedentop

Copyright © 1994 by Daryl Siedentop

Japanese translation rights arranged with Human Kinetics Publishers Inc. through Japan UNI Agency, Inc., Tokyo.

まえがき

　スポーツは，体育の目標を達成するためのすぐれた媒体である。スポーツ教育は，多くの教師たちによって試され，吟味されてきたモデルであり，教師たちからも子どもたちからも大きな評価を得てきた。本書は，子どもたちがどのようにスポーツに参加すれば上手にゲームができるようになり，フェアプレイを自覚し，ゲームの運営のし方・審判のし方・得点のつけ方に関する知識や方法を身につけるようになるのか，さらにチームのプレイヤーやリーダーとして効果的に活動できるようになるか，これらを詳しく説明する。

　残念なことに，子どもたちのスポーツからエリートスポーツ，プロスポーツに至るまで，スポーツには好ましくない慣習が広くはびこっている。このことは誰もが知るところである。子どもたちの誰もがフェアプレイを重んじ，審判や相手チームを尊重し，公平に競い合い，しかも双方が力を出し合ったゲームの素晴らしさを理解するためには，どのような方法で指導を行うべきであろうか。スポーツ教育モデルは，そうした理想に向けて指導できる力量を教師に与えようとする。スポーツが適切に指導されれば，プレイ能力が向上するだけでなく，人格的成長や責任感といった，重要な発達的経験がもたらされる。

　スポーツ教育は，子どもたちに責任のある役割を与えるが，特に子どもたちの人格的成長に働きかけるという点で成功を収めてきた。スポーツシーズン（単元）全体が成功するには，彼らに課された役割を適切に遂行することが不可欠である。スポーツ教育では，子どもたちが自らの教育的経験に対して次第に大きな責任を請け負っていくように仕組まれている。また，チームやクラスの中で自己決定できるようになることが期待されている。問題が生じたときには，教師の力を借りながら対処し，結果として人格的に成長していくことが期待されている。

　スポーツ教育では6人で構成されるバレーボールチームや7人からなるソフトボールチームが対戦するようなことはなく，子どもたちの発達段階にも細心の注意が払われる。そのため少人数制によるゲームが適用され，すべての者がフルに参加でき，成功体験を味わうことができるように，ルール，用具，そし

て競技条件に修正が加えられる。

　本書は，筆者と同僚とが協力し，教育実践の場で指導に取り組んでいる先生方のためにまとめられたものである。本書で解説しているカリキュラム計画や指導方略は，実践の場で繰り返し試されてきた。この本を手がかりにすれば，誰もがすぐにスポーツ教育を始めることができるであろう。本書は，このモデルにもとづいて実践したいと思う教師のために，直接活用できる具体的適用例を提供している。また，学校や地域の特殊な事情で変更しなければならない場合には，容易にそれができるようになっているし，新しいスタイルのスポーツ教育が創造できる余地も十分残されている。

　本書の構成は実にシンプルで，3つのパートで構成されている。第Ⅰ部第1章では，このモデルの基礎となる考え方を説明している。第2章では，このモデルを実践するうえで基礎となるカリキュラムや指導の原則を示している。また実際に実践されてきたプログラムの具体例を示すことによって，いかにしてスポーツ教育モデルをそれぞれの地方の学校プログラムに適用することができたのか，容易に理解できるようにしている。

　第Ⅱ部は7章で構成されており，このプログラムが小，中，高校の各段階でどのように実践されてきたのか，事例的に報告している。これらの章では，実際に学校で試されてきたスポーツ教育プログラムが詳細に解説される。誰でもすぐにこのモデルを適用できるように，その計画と進め方が詳しく報告されている。特に第5章と第9章では，このモデルを小学校，中学校，高校段階のカリキュラムとしてどのように応用・活用できるのかが詳説されている。

　第Ⅲ部は，スポーツ教育での評価の行い方や，スポーツ教育の発展のさせ方について説明している。実際には，スポーツ教育で採用される「評価」に関する章と，スポーツ教育モデルを「オリンピック教育」へと発展させる方法を解説した章の2章で構成されている。

　スポーツ教育モデルをわかりやすく解説するために，意図的に異なった種類のスポーツを取り上げた。器械運動，バレーボール，サッカー，テニスのようなスポーツの他に，ウエイトトレーニングやエアロビクスのような体つくりの運動も含まれている。小・中，高校の異なった学年段階を取り上げたが，これらは，ある学年段階から別の学年段階へと応用が可能であることを示唆すると

ともに，興味深い対照例を示すことになろう。くわえて，子どもたちをスポーツ教育に動機づけるさまざまなアイデアが示されるとともに，アカウンタビリティに応えたり，評定を行うための基本的な考え方と方法が説明される。

　スポーツ教育がもたらす恩恵については，このモデルを適用して実践した教師たちの報告の中に明白に表現されている。すなわち，

- 子どもたちが熱中し，授業以外の練習時間を自発的に求めるようになる。
- 子どもたちが積極的に責任を果たすようになり，それは教師の教えに従うというようなレベルを遙かに越えたものである。
- これまで積極的に授業に参加しなかった子どもや技能レベルの低い子どもが，意欲的に参加し，チームにとって不可欠な一員になる。

　このような意味で，子どもたちは伝統的な授業モデルに比べてスポーツ教育から多くの恩恵を受け取る。

　スポーツ教育は学校における体育の影響力を強めることができ，現在の体育が甘んじている周辺教科の地位から，学校カリキュラムにおける中心的で価値ある地位に高めることができると確信する。スポーツ教育は，「みんなのスポーツ」の理念をいかにして実践に移すのか，その具体的方法を明らかにする。同時にスポーツ教育は，子どもたちを見識のあるプレイヤーに育てあげる方法や，広範なスポーツ文化のよりよい実践に向けた強力な提唱者に育てあげるための方法を提案する。

　最後に，スポーツ教育モデルを適用し，行動力と創造性によって一段とよいモデルに発展させてくれた先生方に深く感謝している。また，本書の執筆に直接たずさわってくれた先生方に対して衷心より謝意を表したい。

ダリル・シーデントップ
オハイオ州　コロンバス

訳者まえがき

　シーデントップ博士との交友は25年に及ぶが，彼の考え方や研究の方法は一貫して私に大きな影響を与えつづけた。私の心の恩師である。

　彼の著書を翻訳出版するのはこれが3度目である。最初に出版したのは「楽しい体育の創造―プレイ教育としての体育―」（1981年，大修館書店）であった。この本に巡り会ったのは，カリフォルニア大学バークレー校の図書館であったが，この本から，新しい体育の息吹と彼の鋭い洞察力を感じとった。折しも日本では「楽しい体育論」が提唱されていたが，彼の「プレイ体育論」は，この立場に強力な理論的根拠を与えるに違いないと考えた。

　2冊目は，「シーデントップ：体育の教授技術」（1988年，大修館書店）として出版した。日本でもようやく体育科教育学研究が軌道に乗り始めていたが，この分野の研究方法論は模索の段階にあったため，この本から多くの示唆が得られると考えた。シーデントップは，カリキュラム論だけでなく，体育授業研究のパイオニアとしても国際的に高く評価されていた。特にこの著書の中で紹介されている組織的観察法や，これらを適用した授業研究，データにもとづいて提示された教授技術や教授方略は，わが国の体育科教育学研究の発展のためにも，また現場の体育授業改善にも大きな意義をもつと考えた。

　3冊目が本書である。原本のタイトルは「Sport Education」となっている。前述したように，シーデントップはこれまで「プレイ体育」という言葉を用い，「スポーツ教育」という言葉を意図的に避けていた。それは，スポーツには過剰な競争があり，非教育的な問題やできごとが少なくなかったためである。しかし，「プレイ体育論」を提唱した後，シーデントップの立場は次第に変容していった。「プレイ体育論」は世界的に注目されたが，批判や抵抗も少なくなかった。彼が提唱した「競争的・表現的運動をプレイする能力や態度を育成する」という理念だけでは，体育を存続させる理論的根拠としては脆弱であると受けとめられたのである。シーデントップは，結局，プレイ体育論を体育の1つの重要なプログラムとして位置づけ，これを「スポーツ教育モデル」と呼ぶようになったのである。

このスポーツ教育モデルに大きな魅力を感じた。今日わが国の学校体育が直面している実践的課題に対して有益な示唆を与えるはずである。
● スポーツ教育モデルの理念は，子どもたちに真のスポーツの魅力にふれさせ，生涯スポーツを実現させることである。そのために，「シーズン制」「チームへの所属」「記録の保存」「公式試合」「クライマックスのイベント」「祭典性」といったスポーツに固有の特性を体育授業に組み入れようとする。
● スポーツ教育モデルでは，人格形成・社会性の形成に向けた学習システムが確立されている。わが国では「心と体の一体化」が課題になっているが，このモデルでは，人格や社会性の目標が学習内容として具体化され，評価システムに反映される。
● スポーツ教育モデルは，子ども中心の学習を促進する。チーム編成，役割分担，シーズンの試合形式やルール，練習の内容や方法，試合のオーダー，授業外の活動等々に関わった意思決定は，最終的にはすべて子どもたち自身によって実行される。
● スポーツ教育モデルは，体育の授業時間削減に対応できる。このモデルでは，「課外での自主的活動」が奨励される。その取り組みに対してインセンティブを与え，表彰システムにカウントされる。
● スポーツ教育モデルを適用すれば，体育授業は「総合的な学習の時間」と連携して展開できる。スポーツイベント（祭り）を企画・運営したり，イベントを盛り上げるためのさまざまな学習活動は，まさに学際的・合科的である。
● スポーツ教育モデルは，「学習指導と評価とを一体化」をめざす1つの典型モデルである。このモデルでは，すべての目標は第3者が評価できる行動目標として，また学習内容として具体化される。役割行動，フェアプレイ，練習や試合でのパフォーマンス等々に関わって，子どもたちが自己評価し，記録に残していくとともに，「評価システム」に反映されるようになっている。

　本書は難しい理論書ではない。実践の書である。どの教師も容易に授業に取り入れることができるように，実践例にもとづいて具体的に記述されている。この本を通して新しい体育実践が切り開かれていくことを期待したい。

　2003年　薫風の候　　　　　　　　　　　　　　　　　　　　髙橋健夫

新しい体育授業の創造・もくじ

まえがき　3

訳者まえがき　6

第 I 部　スポーツ教育について　13

第 1 章　スポーツ教育モデル　15
　1．スポーツ教育の目的　16
　2．スポーツ教育の目標　17
　3．長期的にみたスポーツ教育の意味　18
　4．体育におけるスポーツ教育　19
　　4.1　スポーツ教育と体育の違い　21
　　4.2　体育との比較からみたスポーツの主な特性　22
　　4.3　スポーツの特性をスポーツ教育に組み入れる　25
　　4.4　スポーツとスポーツ教育の相違点　28
　5．発達的観点からみて望ましい競争　29
　6．教師の役割　32

第 2 章　スポーツ教育モデルの実践　34
　1．最初の計画　34
　　1.1　スポーツを選択する　37
　　1.2　スポーツを修正する　38
　　1.3　シーズンの長さ　40
　　1.4　チーム編成　42
　　1.5　チームの中の役割　45
　　1.6　チームのアイデンティティ　47
　　1.7　試合の種類とスケジュール　47
　　1.8　クライマックスのイベント　49
　2．記録の保持と活用　50

3．フェアプレイや公平な競技を教えること　51
　4．スポーツ教育における練習　55
　5．アカウンタビリティ・システム　57

第Ⅱ部　スポーツ教育のカリキュラム例　59

第3章　小学校段階のサッカー　62
　1．チーム編成とキャプテンの選出　63
　2．授業の進め方と指導　63
　3．児童の役割　66
　4．試合　66
　5．チームポイントといろいろな賞　70
　6．サッカーに類似する他の種目と関連づけること　73

第4章　小学校の器械運動　74
　1．チーム編成とキャプテンの選出　75
　2．授業の進め方と指導　77
　3．児童の役割　78
　4．競技会　78
　5．チームポイントといろいろな賞　86
　6．器械運動に関連した他の種目を取り入れること　88
　7．その他の選択肢　89
　8．スポーツの危険性に対する指導　89

第5章　小学校カリキュラムにおけるスポーツ教育　91
　1．カリキュラム構成とスポーツ種目の選択　92
　2．チーム編成とキャプテンの選出　94
　3．チーム活動の進め方と指導　95
　4．児童の役割　98
　5．試合　99
　6．いろいろな賞の与え方　100
　7．スポーツ教育のインパクト　103

第6章　ミドルスクールのバレーボール　105
　1．チーム編成とキャプテンの選出　106
　2．授業の進め方と指導　106
　3．生徒の役割　110
　4．試合　111
　5．チームポイントといろいろな賞　111
　6．教師の受けとめと反省　113
第7章　高校におけるタッチラグビーとテニス　116
　1．チーム編成とキャプテンの選出　117
　2．授業の進め方と指導　118
　3．生徒の役割　121
　4．シーズンの試合　123
　5．いろいろな賞　124
　6．教師の受けとめと反省　124
第8章　高校におけるフィットネス・プログラム　128
　筋力トレーニング　128
　1．チーム編成とキャプテンの選出　129
　2．シーズンの活動　130
　3．生徒の役割　131
　4．パフォーマンスの記録といろいろな賞　132
　5．生徒と教師の反応　132
　ランニング　133
　1．ランニング・シーズンの展開　134
　2．生徒の役割，記録，いろいろな賞　136
　エアロビクス　138
　1．エアロビクス・シーズンの展開　138
　2．生徒の役割，記録，いろいろな賞　140
第9章　高校のカリキュラムにおけるスポーツ教育　142
　1．カリキュラム構成とスポーツ種目の選択　142
　2．チーム編成とキャプテンの選出　145

3．授業の進め方と指導　　145
　　4．生徒の役割　　147
　　5．試合　　149
　　6．チームポイントといろいろな賞　　149
　　7．スポーツ教育のインパクト　　150

第Ⅲ部　スポーツ教育における評価と経験の拡大　　151

第10章　スポーツ教育における信頼できる評価　　153
　　1．信頼できる評価　　154
　　2．スポーツ教育での評価　　155
　　3．スポーツ教育における評価システム　　156

第11章　スポーツ教育の拡大：オリンピックカリキュラム　　158
　　1．スポーツ教育を支えるオリンピズム　　159
　　2．オリンピックカリキュラムの目的・目標　　160
　　3．オリンピックカリキュラムの構成原理　　162
　　4．オリンピックカリキュラムの標準的なフォーマット　　163
　　5．報償，評価，表彰システム　　171
　　6．祭典的雰囲気を演出するためにオリンピックプロトコルを活用する　　172

あとがき　　174

参考文献　　177

解説　　わが国におけるスポーツ教育の意義と実践的展開　　179

付録　　191

さくいん　　196

第Ⅰ部

スポーツ教育について

体育教師の多くは，体育カリキュラムの一部分としてスポーツを教えている。第Ⅰ部では，体育においてスポーツをより完全に，より本質的特性にしたがって指導するための方法を紹介する。第1章では，スポーツ教育の基礎となる考え方について，第2章ではスポーツ教育モデルをどのように実践に移すのか，その方法について述べる。

　これらの章を読めば，例えば「バレーボールの単元をちょうど終えたところだ」「まもなくテニスの単元を始めるつもりだ」といった表現自体が，伝統的な体育の中でスポーツを指導する場合に意味することと，スポーツ教育で意味することとが，かなり異なったものであることに気づくであろう。子どもたちもすぐにこの違いに気づくはずであり，スポーツ教育の新しい学習方法に熱中し，支持するようになるにちがいない。そのことは，これまでに得られたすべてのデータが証明するところである。

　多くの子どもたちがスポーツを愛し，チームの一員になることを好むのは，私たちの誰もが知っている。しかし残念なことに，体育においてスポーツを指導する際に，技能の低い者や仲間はずれになりがちな者が，技能を伸ばす機会を逸していたり，友情を深める機会から除外されてきたという事実があり，そのことが多くの体育教師を悩ませてきた。スポーツ教育はそのような問題や懸念を解消させる。スポーツ教育のもとでは，すべての子どもたちがスポーツを理解し，好きになる機会が与えられ，またチームの一員として意義のある教育的・社会的経験をもつ機会が保障されるからである。

　旧態依然とした古い方法が学校体育の中に存続するなら，学校カリキュラムにおける体育の危機的状況に拍車がかかるにちがいない。そのことは，私たちの多くが認識するところである。子ども，父母，そして学校の管理者は体育に対して高い期待をもっていると思われるが，スポーツ教育は彼らの期待に十分応えることのできる方法を提供する。

第1章

スポーツ教育モデル

ダリル・シーデントップ（オハイオ州立大学）

　スポーツ教育は，学校体育プログラムのために開発された「カリキュラム」と「学習指導」のモデルである。スポーツ教育という言葉をはじめて耳にするという人はいないであろうし，その言葉自体は革新的なものではない。実際，スポーツのスキルやゲームは，20世紀のほとんどの時期に，体育を通して指導されてきた。しかし，このスポーツ教育モデルについて詳しく説明すれば，読者はこのモデルが変わりばえのしないものではないことに気づくであろう。そればかりか，スポーツ教育が既存の体育を根本的に変革する可能性をもっていることを知り，心から賛同するようになるだろう。

　スポーツ教育は，体育授業で一般に行われているスポーツに比べて，その本質的特性により完全にふれる経験を提供するものである。このモデルにおいて，子どもたちはスポーツのプレイのし方を徹底的に学習すると同時に，自分たちのスポーツ経験を調整したり，運営したりする方法を学習する。くわえて，個人の責任やグループの一員として必要な社会的スキルを学習する。

　スポーツ教育は，最初にオハイオ州の中央部にある数校の小学校で試行されたが，以降，小学校第3学年から高校に至る各学校段階の教師たちによって実践され，発展していった。異なった地域の教師たちがこのプロジェクトを耳にしたとき，彼らの多くがスポーツ教育の実践に関心を示した。多くの教師たちによる試行的実践を通して，このモデルは修正され，深まりと広がりをもつようになった。本書で示すスポーツ教育の特性や適用例は，すべて実際に学校で試されてきたものである。

スポーツ教育を取り上げた著書（Siedentop, 1987；Siedentop, Mand, & Taggart, 1986）が出版された後，スポーツ教育モデルはさらに急速に広まった。ごく最近では，ニュージーランドの全国的な高校体育カリキュラム（学習指導要領）にこのモデルが採用された（Grant, 1992）。

　　はじめてスポーツ教育を試みたが，実にうまくいった。私自身その授業を楽しむことができたし，もっと重要なことに，子どもたちが心からスポーツ教育の授業を楽しんだ。

小学校の体育教師

1．スポーツ教育の目的

　スポーツ教育モデルは，一般的な体育の中のスポーツプログラムに比べて，一層野心的な目的をかかげている。スポーツ教育は，子どもたちを「完全なプレイヤー」になるように育成しようとする。すなわち，「有能で，教養があり，情熱的なスポーツ人」を育成しようとする。

● 「有能な」スポーツ人とは，満足のいくかたちでゲームに参加できる技能をもち，プレイの複雑さに対応した戦術を実行することができ，さらに，豊かな知識を身につけたプレイヤーを意味する。

● 「教養のある」スポーツ人とは，スポーツのルール，儀礼，伝統を理解し，重んじるとともに，子どもたちのスポーツであれ，プロスポーツであれ，よいスポーツ実践と悪いスポーツ実践とを見分けることのできる人間を意味している。また，教養のあるスポーツ人とは，すぐれた参加者であると同時に，ファンあるいは観戦者のいずれであっても，見識を備えた賢い消費者であることを意味する。

●「情熱的な」スポーツ人とは，それが地域の若者のスポーツ文化であれ，国家的なスポーツ文化であれ，この文化を維持し，保護し，発展させるような方法で参加でき，行動できる人間をさしている。そのような情熱的なスポーツ人は，スポーツ集団の一員として地域，国家あるいは国際レベルで，スポーツ文化の発展に関与する。

　このような目的は高遠である。体育教師はアンダーハンドパス，トラップあるいはゾーンディフェンスを教えるに際して，これらの具体的な成果を生み出すだけでなく，なんらかの意味で，社会に対して貢献していることを確信する必要がある。

2．スポーツ教育の目標

　スポーツ教育は，子どもたちがスポーツへの参加を通して達成することのできる直接的で包括的な目標をもつ。具体的には次のような目標である。
●それぞれのスポーツに特殊な技能と体力を向上させる。（技能と体力）
●それぞれのスポーツにおける戦術を正しく認識し，実行することができる。（戦術能）
●発達段階に応じて参加する。（レベルに応じた参加）
●スポーツ経験の計画と運営に協力する。（運営）
●責任のあるリーダーシップを発揮する。（リーダーシップ）
●グループの中で共通の目的に向かって効果的に活動する。（協力的活動）
●それぞれのスポーツに独特の意味を与えている儀礼や伝統を正しく評価する。（儀礼の尊重）
●スポーツに関わった諸問題に対して，合理的に判断し，決定ができる能力を発達させる。（スポーツの問題解決能力）
●審判やトレーニングの方法についての知識をもち，それらを適用する。（実践的知識）
●放課後のスポーツに自発的に参加する。（自発的参加）
　学校で行われる体育授業で，このような包括的目標が達成できるであろう

か。答えは「イエス」である。しかしながら，旧態依然としたやりかたで体育授業を計画したり，指導するなら，答えは「ノー」である。

　その時間枠が確保されていたからこそ，生徒は自信を深め，ルールを学び，技能を高め，審判を行い，そしてチームメイトを支援することができた。これまでの体育のもとでは，これらのことが積極的に行われることはなかった。誠実にやってみよう。

中等教育学校の体育教師

3．長期的にみたスポーツ教育の意味

　スポーツ教育が広範囲で行われるようになり，しかも適切に実践されたならば，どのような効果が期待できるであろうか。長期的にみれば，スポーツ教育は，スポーツ参加を最大限に高めるような，健全で人間的なスポーツ文化の創出をめざしている。スポーツ教育の中核的理念は「すべてのスポーツをみんなのために」である。

　スポーツ文化は進化を遂げている。しかし，よくなっていく面と悪くなっていく面をあわせもっている。過去数十年間における青少年のスポーツに対する関心の拡大は，いかにスポーツが彼らの発達的経験の中心になってきたかを教えている。とはいえ，そのような経験が教育的にみて必ずしも健全であったとはいえない。少なくとも，そのように疑念を抱く人は多い。同様に，プロスポーツやオリンピックスポーツへの異常な程の関心の高まりは，エリートスポーツが間違いなく国民の経済的・文化的生活の中心になっていることを証明している。ところが，エリートスポーツに関しては，スポーツ自体を衰退させるような問題が頻出し，そのイメージは傷つけられてきた。同様に，競技者自身も

経済的・政治的目的のために利用され，悪用されてきた。

　スポーツ教育の第2の長期的目的は，あらゆるレベルでのスポーツ参加を，参加者の利益に向けて計画することである。参加者に害を与えたり，スポーツ自体を傷をつけたりする恐れのある実践は，縮小されるか排除されるべきである。この目的を達成するには，望ましいスポーツ実践を保護し，発展させることのできる知識をもち，またその取り組みに時間とエネルギーを費やすことのできる「教養があり，情熱にあふれたスポーツ人」を増大させる必要がある。

　スポーツ教育の第3の長期的目的は，スポーツをより広範囲な人々にとって，一層近づきやすいものにすることである。そのためには，性，人種，障害，社会的・経済的地位，年齢等が参加の妨げになってはならない。「すべてのスポーツをみんなのために」というスローガンは素晴らしいが，このスローガンを文化的理念として完全に機能させるには，その実現に向けて貢献する新しい世代のスポーツ人が求められる。

　誰がそのような新しい世代のスポーツ人を育成するのか。当然ながら，体育教師がこの責任を請け負うべきである。その理由は明確である。課外活動における青少年スポーツプログラムへの参加が，いまだに性，人種，障害，社会的・経済的地位によって妨げられるケースがあまりにも多いが，これに対して体育はより多くの青少年がスポーツに接触できる最善の機会を提供するためである。しかも，学校は最大多数の青少年を収容する機関である。もし「すべてのスポーツをみんなのために」を理念として位置づけるなら，スポーツ教育者としての役割を担う体育教師こそが，健全で参加しやすいスポーツ文化を生み出す「草の根運動」の擁護者になるべきである。

4．体育におけるスポーツ教育

　ここで明確にしておきたい点は，筆者が体育からスポーツ教育に完全に移行させるべきだと主張しているのではないということである。すなわち，スポーツ教育が体育に置き換わることを意味しない。同様に，体力，ダンス，レジャー活動，冒険教育への関心を低めたり，排除しようとしているわけでもない。

第8章では，高校のスポーツ教育モデルの中で，どのように体力を高めることができるかを示している。しかし，このことは体力が体育の重要な目標ではないことを示唆しているわけではないし，体育におけるさまざまな体力づくりプログラムが価値のないものだといっているわけでもない。一方，多くの若者や大人が野外のレジャー活動に強い関心をもっているが，これらの活動もスポーツ教育の授業モデルの中で実践できることは疑いようがない。しかし，その事実はそれらの活動が本来スポーツであることを意味しないし，逆にまた，それらの活動が体育の1つの独自な領域として位置づいたからといって，その活動の意義を軽減させるものでもない。第9章においては，スポーツ教育を高校段階の体育プログラムの一部分として捉え，どのように概念化されうるのかが解説される。

　スポーツ教育が体育プログラムの一部分として捉えられることを述べてきたが，他方，スポーツを一切体育カリキュラムに位置づけるべきではないという考え方には全面的に反対である。つまり，スポーツを体育カリキュラムの中に入れるべきではないという意見や主張がみられるが，その理由は，スポーツは「あまりにも競争的である」「技能の低い子どもを顧みない」「学校よりは地域社会の責任である」「エリート主義を促す」「多様な子どもたちを対象とする体育にあって，指導が極めて困難である」ということである。確かに，これらの問題が体育でしばしば生じていることは疑う余地がない。しかし，果たしてそれらの問題は避けようのないことであろうか。本書で実践適用例を提供してくれた教師たちは，スポーツ教育モデルを適切に利用すれば，これらの問題を取り除くことができると証言している。

　　スタートしたときは，まるで登山に挑戦するようなものであった。しかし，それが成し遂げられ，生徒の中に情熱がわき上がってくるのをみて，それが実に価値のあることだと思った……。特にこれまで私自身が気の進まないままに行わせてきた活動については，その喜びはひとしおであった……。スポーツ教育モデルを取り入れ，そこからすべての子ど

もが何かを学びながら主体的に実践していく姿をみるのは信じられないほどの出来事だった。

中等教育学校の体育教師

4.1　スポーツ教育と体育の違い

　スポーツ教育が生み出されたのは，体育授業においてスポーツが不完全に，また不適切に教えられていることに対する不満であった。通常の体育授業では，スポーツの技術やレクリエーショナルなゲームが教えられている。例えばバレーボールの単元では，サーブ，アンダーハンドパス，オーバーハンドパス等がバラバラの技術として教えられている。次いで基本的なルールが紹介され，生徒たちはゲームができるようにチームに振り分けられる。たいていの場合，多人数でゲームが行われ，ゲームで要求される能力は，生徒の発達レベルにマッチしたものになっていない。また，そこでは戦術的側面の学習がほとんど欠落している。不完全に，しかも脈絡なしに学ばれた技能は，ゲームの中でうまく発揮されることはない。技能が不十分なうえに，ゲームで必要な戦術を識別したり，実行したりすることがまったく教えられていないため，ほとんどの生徒にとってゲームでさえも楽しくないものになっている。その結果，多くの生徒たちは，バレーボールのゲームで上手にプレイすることによってではなく，その場その場の社交的な活動から楽しさを引き出している。なかにはバレーボールの活動そのものをくだらないものとみなし，退屈しきっている生徒もいる。

　このように体育におけるスポーツは，真のスポーツ・コンテクストから切り離されて行われてきた。その典型的な様態をあげると次のようである。①スポーツの技術が，戦術の行使されるゲームの中ではなく，ゲームから遊離した状況のもとで指導されてきた。②スポーツに意味を与える儀礼・道徳的価値・伝

統は，めったに話題にされることがなかった。ましては，生徒がそれらを経験できるような方法で指導されることもなかった。③スポーツには人格的成長や責任遂行の経験を生み出すような「チームへの所属」がみられるが，体育では，このような特性が著しく欠落していた。④スポーツシーズンにみられるオープニングからクライマックスのゲームといったドラマチックな学習の流れは，短期間のスポーツ単元ではほとんど味わうことができなかった。

このように，体育においては多くの場合，ゲームから遊離したスポーツ技術や意味のないゲームが指導されている。端的にいって，スポーツの中で教育されていない。

スポーツ教育は，以上のような問題分析と懸念にもとづいて生み出された。それはまた，体育における子どもたちの教育的なスポーツ経験を一層オーセンティックで完全なものにしたいという願いから開発されたのである。体育におけるスポーツ教育の方向は，体育でのスポーツ指導の方法と，若者のスポーツ，学校スポーツ，あるいはクラブスポーツでの運営方法や実施方法とを比較対照することによって明らかになる。

4.2　体育との比較からみたスポーツの主な特性

図1.1は，スポーツの典型的なコンテクストを示している。ここで示した6つの主要な特性は，「制度化されたスポーツ」を性格づけ，スポーツに特別な意味を与えている。また，それらの特性が他の形態の運動からスポーツを区別している。再度いえば，伝統的な体育においてスポーツが教えられるとき，これらの特性は軽視されたり，欠落している場合が多かった。

●シーズン

スポーツはシーズンで行われる。しかも，そのシーズンは「意味のある経験」を生み出すために十分な時間的長さをもっている。スポーツシーズンには練習と試合の両方が含まれ，クライマックスとなるイベントで終了することが多い。一方，体育の単元は短い期間内に行われることがほとんどであり，ときには5，6回の授業に満たない場合さえある。

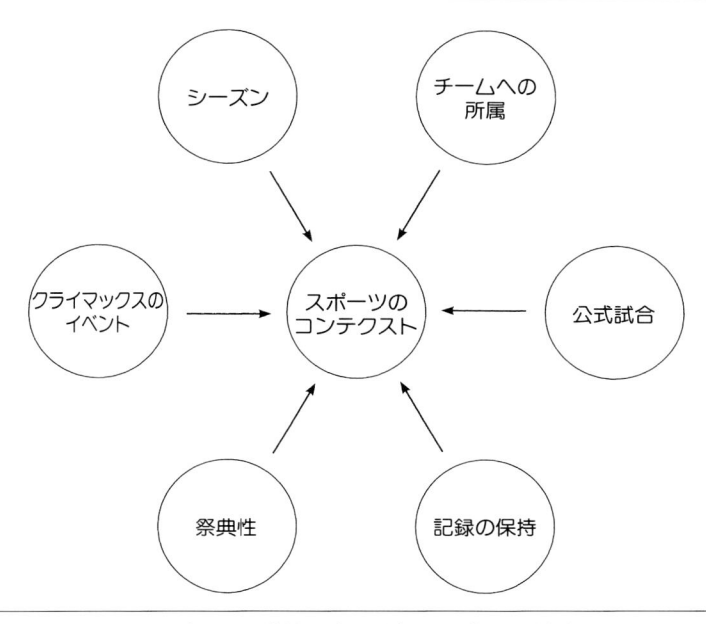

図1.1 制度化されたスポーツに独特の意味を与える主要な特性

● チームへの所属

　プレイヤーはチームやクラブのメンバーであり，通常，メンバーシップはシーズンを通して維持される。スポーツへの参加からもたらされる「意味のある経験」の多くはチームの所属と深く関わっている。また，よいスポーツ経験から生み出される人格的成長の大部分は，チームへの所属と密接に関係している。一方，体育の場合，子どもたちは同じクラスのメンバーであっても，スポーツ活動でのチームへの所属は，その日その日で変わったり，ときには1時間の授業の中で変わることさえある。

● 公式試合

　スポーツシーズンには，練習期間が随所に組み込まれるが，基本的に公式試合によって方向づけられる。公式試合は，対抗戦，総当たり戦，リーグ戦等，さまざまな形式で行われる（第2章の試合形式を参照されたい）。試合のスケジュールは，チームあるいは個人が周到に準備できるよう，前もって決定される。一方，体育で公式試合がほとんど行われないのは，チームへの所属という

条件が基本的に欠落しており，公式のスケジュールがほとんど意味をもたないからである。チームへの所属や公式試合がなくなると，参加者にとってゲームは意味のないものになりがちである。

● クライマックスのイベント

シーズンでどのチームが最も優秀なのか，これを決定するのはスポーツの本質的特性である。そのシーズンのクライマックスとなる試合は，プレイヤーの努力目標になる。体育でも通常1単元に1回のイベントが設定されるが，チームへの所属やイベントにつながる公式スケジュールが欠落しているため，イベント自体の意味が小さなものになっている。

● 記録の保持

打率，シュート数，スチール，イージーミス，スパイク，タイム，距離等，さまざまな形式で記録が残される。個人やチームはこのような記録からフィードバックを得ることができる。記録は基準を定めるための手がかりとなり，プレイヤーやチームに目標を与える。同様に，記録はそのスポーツの伝統の重要な部分をつくり上げる。ところが，体育における記録は，出席や個々のスキルテストの結果だけを示している場合が多い。

● 祭典性

スポーツの祭典性は，オリンピック，スーパーボウル，ワールドシリーズにみることができる。そうした競技会における祭典性は，ときには試合以上に大切なものがあるかのように思わせる。地方の陸上競技会，金曜日の夜に行われる地域のフットボールの試合，あるいはリトルリーグの野球の試合は，それぞれ独特の祭典的雰囲気を醸し出している。スポーツの祭典的特性は，参加者の経験を一層意味のあるものにし，その経験に重要な社会的意義を与える。ところが，体育におけるスポーツの単元では，このような祭典的要素がまったく欠落している場合が多い。

シーズン，チームへの所属，試合の公式スケジュール，クライマックスのイベント，記録の保持，祭典的雰囲気といったスポーツの特性は，体育の授業ではほとんど生み出されてこなかった。以上を総括すれば，これまでの体育ではスポーツが不完全に，そしてその本質的な部分を除外して教えられてきたとい

える。

4.3 スポーツの特性をスポーツ教育に組み入れる

スポーツ教育を生み出すための取り組みは，実に簡単なことから始まった。それは，これら6つのスポーツの特性を体育単元に組み入れようとすることであった。それ以来，このモデルを利用してきた多くの教師たちは，スポーツ教育によって得られる経験をより完全で本質的特性にそったものにするための方法や，発達的にみてより適切で，教育的に健全なものにするための方法を開発してきた。スポーツの主な特性をスポーツ教育に応用しようとするとき，体育でスポーツを指導してきた伝統的な方法から，次のような新しい方法への転換が必要となる。

● シーズン

スポーツ教育のシーズンは一般的な体育単元よりも長い。最初に小学校で試行されたスポーツ教育のシーズンは11時間単元（4月に1度，9週間，各授業は50分）であった。ニュージーランド政府の援助によって行われた高校段階のスポーツ教育カリキュラム・プロジェクト（Grant, 1992）では，最低20時間を基本とするモデルであった。第5章に示されている小学校のカリキュラムモデルでは，1年間に5つのスポーツシーズンが設定されている。第9章に示される高校のモデルでは，1年間に4つのスポーツシーズンが位置づいている。

スポーツ教育の単元がより長くなるのは2つの理由による。第1は，スポーツがより完全に，より本質的特性にそって指導されるには，授業を通して実現すべきことがらが多く存在するためである。第2は，子どもたちの学習経験や発達上の能力を考慮に入れて，有能なゲームプレイヤー（実際の試合で戦術的プレイの面で適度なレベルに達しているプレイヤー）になるには，より多くの時間が必要になるためである。

僕らは常により多くのスキルを練習し，学んでいく。体育では，毎時間行うことが変わったので，スポーツ教育はこれまでの体育とは随分違う感じがする。

高校生

●チームへの所属

　スポーツ教育においては，子どもたちはシーズンはじめにチームのメンバーになり，シーズンを通して同じチームに所属し続ける。チームのメンバーシップは，チームに関わったさまざまな役割や責任を与える。それらの役割や責任が，自己成長のための可能性を提供するのである。また，チームのメンバーシップが情熱を生み出させる。その反面，メンバーシップはさまざまな問題を引き起こすことにもなる。しかし，そうしたチーム内の人間関係に関わった問題が，子どもたちを成長させ，成熟させていくのである。彼らは通常，新しいシーズンのたびに異なるチームに所属する（第5章の小学校のモデルでは，児童は学年を通して1つのチームに所属する）。

●公式試合

　スポーツ教育においては，シーズンはじめに試合の公式スケジュールが計画される。公式スケジュールは，それぞれのチームに一連の試合で最高の力を発揮するために何をどのようにすべきか，決定しておくことを要求する。個人やグループは，公式スケジュールに向けて目標を設定する必要がある。スポーツシーズンの早期には練習に重点が置かれ，個々のメンバーは技能を習得し，チームとしては戦術能を発達させる。シーズンが進むにつれ，基礎的な練習にかける時間が少なくなり，試合やそれに向けた特殊な練習にかける時間が増える。第3章で示される小学校のサッカーモデルでは，段階的に試合を難しくしていき，これに対応して複雑な技術や戦術の学習が導入されていく。公式スケジュールを定めることによって，チームは自分たちの弱点を補うための練習を

行ったり，新しい戦術の準備を整えたりして，試合に備えることができる。スケジュールの形式は，スポーツの世界のそれと同様に多様であってよい。

●クライマックスのイベント

　スポーツ教育シーズンはクライマックスのイベントで終わる。このイベントは，1日がかりで行われる陸上競技大会，3対3のバレーボール大会，チーム対抗の体操競技会，あるいは2つの予選リーグの同順位チームによる優勝決定戦や順位決定戦といったものがある。このイベントは祭典的であるべきで，スポーツシーズンにふさわしいクライマックスの盛り上がりを生み出すように計画されるべきである。それはまた，すべての参加者が積極的に関与できるものにすべきである。「全員参加」ということが，スポーツ教育と他の形態のスポーツとの重要な相違点である。

●記録の保持

　スポーツ教育においては記録が保持され，そこでの教育的経験を一層意味深いものにするために活用される。保持される記録は，第4年生段階の2対2のサッカーで適用されるシュート数やセーブ数のような簡単なものから，第10学年生のバスケットボールに適用される総合的なゲーム分析（シュート率，リバウンド数，スチール数，アシスト数，ターンオーバー数）のような複雑なものまで多彩である。また記録の保持には，器械運動，飛込み，スケートのようなパフォーマンス競技で生徒がジャッジするものも含まれる。

　記録にはさまざまな用途がある。個人やグループのパフォーマンスに対してフィードバックを与えるために用いられたり，試合のための目標を設定するために用いられることもある。記録は，指導者に信頼できる評価（authentic assessment）を行うための情報を提供する。さらに，第5学年生の女子チームの走り幅跳びの記録，第7学年生の平均台演技の最高得点，テニスの団体競技でのチームの年間最高合計エース数といったように，学校内のスポーツ的伝統を生み出す。

●祭典性

　スポーツ教育において，教師はそれぞれのシーズンを祭典的なものになるように努める。チーム名をつけたり，チームのユニフォームを工夫したりすることができる。記録は公表され，個人や団体の成績が記録され，評価される。体

育館はクライマックスであるイベントに向けて飾りつけがなされる。スポーツの儀礼や伝統が強調され，尊ばれる。

　これら6つの特性は，スポーツの種類や学校段階にかかわらず，スポーツ教育のほとんどすべてのシーズンに生かされる。本書で示す多くの適用例では，それぞれ異なったかたちで表現されているとしても，いずれの事例でも，それらすべての特性が生かされていることに気づくであろう。

4.4　スポーツとスポーツ教育の相違点

　スポーツ教育をスポーツ本来の姿に近づけるために，どのような努力が払われてきたかについて述べてきた。この項で強調したいことは，スポーツ教育は若者のスポーツや学校間で行われるスポーツ並びにエリートスポーツと重要な相違点をもつということである。スポーツ教育は3つの点で「制度化されたスポーツ」と異なる。すなわち，①参加が義務づけられている，②発達的な観点からみて望ましい活動が行われる，そして③役割がより多様である。これらの相違点を強調するのは，いうまでもなくこのモデルが単なるスポーツではなく，スポーツ教育に関心を向けるためである。

●参加が義務づけられている

　スポーツ教育は，シーズンのどの時点でも，すべての子どもたちの「完全な参加」を要求する。この考え方は，チームの人数や試合の行い方をはじめとして，その他のさまざまな活動のあり方に反映される。「完全な参加」という視点からみると，負けたチームが次々に排除されていくトーナメント形式は適切ではない。また，ゲームの際にチームの人数が多すぎると，技能の高い者にゲームが独占される。このことは研究によっても明らかにされているので（Siedentop，1990），多人数で構成されるチームはスポーツ教育にはふさわしくない。くわえて，クライマックスのイベントは，よい成績を収めたプレイヤーやチームのためだけのものではなく，すべての子どもたちのものになるべきである。チームの役割についても，才能のある者や指導力を備えた者だけではなく，すべての者が経験すべきである。

●発達的観点からみて望ましい活動が行われる

　スポーツ教育で採用されるスポーツは，発達的観点からみて子どもたちの経験や能力にふさわしいものでなければならない。私見では，正規のコートで行われる大人用のスポーツは，スポーツ教育には適さない。スポーツ教育に携わってきた教師たちは，サッカーのゲームを1対1あるいは2対2から始め，最高でも5対5のゲームを適用して大きな成功を収めてきた。バスケットボールやバレーボールについても，高校生でさえ3対3のゲームが有効である。ゲームの基本的特性を保持することは重要なことであるが，それでもゲームの性質を部分的に修正しなければならない場合が多い。例えば，バドミントンはシャトルを相手が打ち返せないようにして，相手コートに打つことを目的とするラケットスポーツである。このことは，①コートのサイズを小さめにする，②ねらいに応じてネットを高くしたり，あるいは低くしたりする，③ルールを修正する，④子どもたちにとってゲームをより親しみやすいものにするために用具を変える等々は，そのゲームの基本的特性を変質させるものではないことを意味している。

●役割がより多様である

　若者のスポーツあるいは学校スポーツでは，子どもたちが学習するのはもっぱら競技者（パフォーマー）としての役割であるが，スポーツ教育ではもっと多様な役割が与えられる。子どもたちはコーチ，審判，記録係といった役割を学習する。この他にもスポーツ教育の発展形態では，マネージャー，広報係，放送係，トレーナーの役割が学習される。このように，スポーツ教育はスポーツ文化のより完全な理解に向けて寄与するだけではなく，スポーツに関連する職業のための教育（ある種の職業教育）としても機能する。

5．発達的観点からみて望ましい競争

　体育においてスポーツが過小評価され，ごく限定された形で教えられてきた理由の1つは，学校対抗，大学対抗スポーツ，あるいはエリートスポーツの中で「競争の弊害」が頻繁に生じており，教師たちがこのことに大きな危惧を抱

いてきたことにある。競争の弊害の多くは，競争を過剰に強調すること，すなわち勝利至上主義に原因がある。もっといえば，それらはスポーツを本来のスポーツとして取り扱わなかったり，参加者の立場を無視してしまうような経済的利潤追求に深く根差している。この問題は重要な教育的関心事であるので，直視しなければならない。スポーツ教育は，子どもたちが教育的に望ましい競争について学習したり，経験したりして，競争の弊害が排除されていくような媒体を提供しようとする。

　スポーツ教育は技能レベル，性，身体的障害のいかんに関わらず，すべての子どもたちに発達的観点からみて望ましい競争を与えようとする。スポーツ教育の論点は，競争の多少ではなく，「望ましい競争」ということである。個人として，またチームの一員として，望ましい競争から学ぶべきことは少なくない。その最も大切な学習は，「一生懸命プレイすること」「公正にプレイすること」「競争相手を尊敬すること」「試合が終わったときにその結果を受け入れること」である。重要なことは，個人やチームの勝ち負けではなく，フェアに，誠実に参加することである。これらは，スポーツ教育の重要な内容として指導され，強化される必要がある。

　同様に，「競争の意味」についての広く行き渡った誤解がある。そのため，スポーツ教育の中で，子どもたちがより完全で，より本質的な特性にそってスポーツを経験する機会をもてば，彼らが競争のより広範な意味を学ぶ機会をもつにちがいない。このように考えるのは正当なことであろう。

　競争には3つの主要な意味がある。
　①祭典性
　②有能性の追求
　③多様な競争的行為
この中の3番目の意味だけが広く受け入れられているのは誠に残念なことである。

●祭典性

　競争の基本的な意味は「集うこと」である。集うことは，この言葉のもつ祭典的性質を表している。このような競争の意味は理解されにくく，しばしば見

過ごされてきた。祭典性は，重要なイベントを引き立たせる。それはまた，一般的に儀礼や伝統を付帯させている。私たちの誰もが大きなスポーツの祭典を経験したことがあるはずである。祭典はみんなに祝福され，陽気に盛り上がるものである。祭典的な雰囲気を生み出すことによって，子どもたちが喜んでスポーツに参加でき，陽気に盛り上がる経験をもてるように，その確かな方法を見つけだす必要がある。それはスポーツ教育者の義務であるといえよう。

● 有能性の追求

競争の第2の意味は，有能性の追求である。このことは，継続的なスポーツ参加のために特に重要な要素である。「競争する（compete）」ことと「有能性（competence）」とは，明らかに語源的に関連している。スポーツの競争は，参加者が自分自身を試し，新たな目標を設定し，その目標を追求して再び自分自身を試すことのできる公的な場（フォーラム）を生み出す。そのため，有能性の基準や記録はスポーツにとって重要な意義をもつ。有能性の追求という観点にたてば，競争は他の誰かやチームに対抗することを意味しない。それは，客観的なパフォーマンスの基準を超えるための自分自身との戦いである。

● 競争的行為

競争の第3の意味は「競争的行為（rivalry）」である。このことは，上の2つの意味よりもよく知られている。人対人，チーム対チーム，人対時計あるいは他の目標基準というように，スポーツには多くの異なった競争的行為がある。スポーツは1人または1つのチームが勝って，他の人や他のチームがすべて負けるという点で，「零和の競争（zero-sum competition）」であると考える人がいるが，競技選手たちと話をすれば，そのような考え方はばかげたことだとすぐに気づく。42キロメートルのマラソンレースを終えたばかりの5000人のランナーたちが，1位でゴールできなかったからといって，みんな敗者だといえるだろうか。また，優勝できなかったからといって8チームのリーグ戦で著しく記録を伸ばして3位になったチームを，敗者と決めつけることができるだろうか。実際，競争的行為ということが，競争の祭典的特性の一部として捉えられるとき，また公的な場でつくり出される基準や伝統という視点から評価されるとき，その意味は最も強力なものになる。これらが，スポーツ教育の基底をなしている競争の意味である。

6. 教師の役割

　スポーツ教育は，ボールだけを子どもに与えてあとは好き勝手に遊ばせておくような，専門職的責任を放棄するモデルではない。子どもたちがスポーツ教育の中で経験を積み，成長するにつれて，スポーツシーズンの中で彼らがより大きな責任を分担するようになるのは確かな事実である。しかし，私たちが教育環境の設計者であり，その効果や妥当性に対して最終的な責任を負っていることもまた事実である。

　スポーツ教育において最大限の時間を生み出すためには，教師はよい計画立案者であると同時に，よいクラスマネジャーでなければならない。このことは，時間を節約したり，授業を混乱させるような行為を少なくするために，マネジメントや移動に関わって約束事をつくり出すことの必要性を示唆している（Siedentop, 1991）。また，スポーツ教育においては学習すべき多くの役割があるので，教師はそれらの役割を明確に規定し，指導し，さらにフィードバックがもたらされるような有効な実践計画をたてる必要がある。そうすることではじめて子どもたちは自分の役割を確実に学習することができる。くわえて，特に技能と戦術能の発達は，知的なゲームプレーヤーであるための鍵になるので，ゲームに結びつく生きた技能を身につけさせたり，一定の範囲の戦術を理解させたりする必要がある。

　スポーツ教育では，道徳的価値やフェアプレイが中核的な位置を占める。そのため，教師はまず第1に，よいスポーツ行動とは何かを説明し，模範を示し，目的的な実践を行わせる必要がある。しかもこれらは抽象的であってはならず，記述テストによって行われるものでもない。まさに競争そのものの中で，望ましい行動が実現されなければならない。道徳的価値や態度はゆっくり形成されていくので，一貫した注意を払う必要がある。フェアプレイや道徳的価値が着実に指導され，実践され，さらに強化されるような教育的環境を計画する必要がある。

私は常に体育の社会的相互作用の側面に関心をもってきた。またどのようにして子どもたちの態度やスポーツにおける彼らの役割行動を変容させることができるのかということに関心を払ってきた。そして私がたどりついた結論は，もっぱら教師が支配するような授業は1対30の割合で成功しないということである。子どもたちが，小さなチームの中で無意識にさまざまなことがらに関わって活動するとき，彼らの態度を変えることができる。このような意味で，スポーツ教育の単元は実に大きな成果を生みだした。それは，長年，一般的状況の中で悪戦苦闘しつづけて得ることのできた成果に匹敵するものであった。

中等教育学校の体育教師

　本書の第II部で示されているスポーツ教育の適用例は，それぞれ1つのテーマに関わったバリエーションを提供している。そのテーマはいうまでもなくスポーツ教育ということであるが，そのバリエーションは，創造的な教師たちによってデザインされた多様なモデルである。それらのモデルは，教師たちの異なった価値観や地域の多様な要求を反映させながら，創造的に設計されている。次の第2章は，あなたの学校独自のカリキュラムの中でスポーツ教育モデルを効果的に実践するための基礎的情報を提供している。あなたは，この時点で，スポーツ教育モデルがどのようなもので，何を達成しようとしているのか，十分理解できたと思う。第2章では，スポーツ教育モデルをうまく実践するための基本的な手順について述べる。

第2章

スポーツ教育モデルの実践

ダリル・シーデントップ（オハイオ州立大学）

　すべての教育モデルがそうであるように，スポーツ教育も効果的に行われる場合とそうでない場合がある。教育モデルが成功するかどうかは，それがどのように実践されるかということにかかっている。本章は，このモデルを適用して成功裡に実践するためのガイドラインとアドバイスを提供しようとする。なお，この章で提供するアドバイスは，これまでこのモデルを適用して実践してきた教師たちからの報告にもとづいている。

1．最初の計画

　スポーツ教育を試みようとするとき，教師は自分自身のためにも，子どもたちのためにもその実践を成功させたいと考えるだろう。成功させるためには，第1に周到な計画を立てる必要がある。はじめての実践を計画するにあたっては，取り上げるスポーツ，子どもたちの参加レベル，単元をスムースに進行させるための学習資料，そして子どもたちを動機づける祭典的雰囲気を生み出す方略等について考慮する必要がある。以下に示すことがらは，計画立案のためのアドバイスである。

■よく知っているスポーツを選ぶこと
　スポーツ教育を実践してきた教師たちは，子どもたちの関心が高まってくる

としばしば技術や戦術について質問する，と報告している。そのような質問に即座に自信をもって答えることができるようであれば，よい教師であるといえよう。このような意味で，よく知っているスポーツを教材として選べば，審判，得点係，記録係といった役割に関わって，それらの知識や技術を容易に指導できる。

■子どもたちに参加機会を与えること

　これまで教師主導の指導形態に慣れているなら，はじめての実践から全面的に生徒主導の形態に移すのはあまり賢明なことではない。コーチ，審判，得点係，記録係といったスポーツ教育の主要な役割については子どもたちに任せるべきだが，はじめのうちは教師による直接的な指導や頻繁なフィードバックによる助けを必要とするものである。チーム編成は教師が行ってもよいし，子どもたちに協力してもらいながら行ってもよい。あなたが小学校の教師であるなら，はじめて行う2，3のスポーツシーズンは，あなた自身がチーム編成することを勧めたい。児童の技能，協調性，出席状況について1番よく知っているのは教師である。教師は，公平なチーム編成のために，これらの知識を活用すべきである。スポーツ教育の経験を積むにつれて，児童は徐々にチーム編成に関与できるようになる。しかし，あなたが中学校か高校の教師であれば，はじめから生徒の協力を得てチームを編成すべきであろう。生徒がチーム編成の責任を堅実に担い，平等な競争の維持と発展に向けて努力することは，これまでの研究で明らかにされている（Grant, 1992）。教師と生徒の双方がスポーツ教育の経験を積み重ねていけば，生徒はさらに多くの役割を学ぶことができ，またより大きな責任を担うことができる。

■必要な学習資料を確認して準備すること

　シーズンをスムースに進行させるためには学習資料が不可欠である。必要な学習資料は何かを確かめ，周到に準備すべきである。学習資料には，スケジュール，コーチ（あるいはキャプテン）のための指導資料，メンバーカード，試合結果の記録表，得点記録表，データ分析表，データ累積記録表，表彰に関わる事項が含まれる。学習資料を実践に生かす最良の方法は，コーチノート（そこにはすべての必要事項や資料が掲載されている）を作成して子どもたちに配布し，シーズン終了後に返却させることである。コーチノートには以下の項目

が含まれる。
- コーチ（あるいはキャプテン）が果たすべき責任のリスト
- 試合のスケジュール
- 試合のためのオーダー用紙
- 審判とスコアラーの義務
- 試合のための審判とスコアラーの割りあて表
- 学習するスポーツの技術や戦術に関する情報
- コーチが留意すべき安全確認事項
- 試合全体を通してチームに与えられるポイントシステム

　スポーツシーズンにおいて，子どもたちが熱狂的に参加するようになることが報告されてきた。必要な学習資料が準備できていないために，彼らの意欲を減退させるようなことがあってはならない。

■ シーズンを祭典的なものにすること

　子どもたちにチームの名前やユニフォームを選ばせる。写真撮影日を設け，自分たちのポーズでチームの写真を撮るのもよいだろう。今後のスケジュールや最新のゲーム結果は公の場に掲示すべきであろう。使用する施設には，簡素なものであっても何か特別な飾りつけをするとよいだろう。各チームに，そのスポーツに関連した情報や写真を掲示板に飾るようにさせることもできる。スケジュールやランキング表は，すべての子どもたちの目にふれるように掲示すべきである。自分のチームのための横断幕や応援旗を作成することも考えられる。そういった飾りつけや情報によって，彼らは体育が特別なものであり，意義深いものであることに気づくだろう。教師は，子どもたちのフェアプレイや，すばらしい努力や上達に対して，どのように公表すべきか，毎時間その方法を見つけようと努めるであろう。チームや個人表彰者の名前を学校のホールに掲示することは，社会的承認を広めるうえで役立つ。シーズン中の取り組みや努力を文章にまとめさせ，学校新聞に掲載することは，そのシーズンを祝福し，盛り上げるための有効な方法である。

■ 「もしも」のための計画

　最後に，よい計画であるためには，悪天候や学校行事によって施設が使用できなくなるといった事態にも十分配慮する必要がある。このことは単なるお決

まりの提言ではない。これまでの経験からみて，子どもたちはスポーツ教育シーズンに熱狂的に参加するようになり，それが妨げられないかどうか，心の底から心配するようになるためである。

1.1 スポーツを選択する

どのスポーツ種目を選択するかは，学年段階，学校区の学習指導要領の規定，施設用具，そして教師の関心や価値観といったさまざまな理由によって決定される。小学校の体育活動は，通常教師によって選択される。中学や高校では，生徒が他教科の授業を選択したり（教科選択），多様な体育活動の中から自分の学習する活動を選択する（種目選択）ところもある。以下のアドバイスは，スポーツ種目を選択する際に役立つだろう。

● 比較的年少の子どもたちは，1年間にさまざまなスポーツを経験すべきである。このことは，侵入型ゲーム（サッカーやバスケットボール），コート分離型スポーツ（バレーボールやテニス），ターゲット型スポーツ（アーチェリーやゴルフ），フォーム型スポーツ（器械体操やリズム体操）等のカテゴリーから，教師が選択すべきことを示唆している。スポーツを分類する方法はこれ以外にもあるが，重要なことは，学校教育においては子どもたちが異なったカテゴリーに属するスポーツを経験すべきだということである。
● 高校段階では，教師が提供したスポーツ種目の中から生徒に選択させる方法を適用すれば，教授−学習状況の改善につながる。例え1シーズンに2つの選択肢しかない場合でも，生徒に種目選択の余地を与えれば，彼らの学習意欲を向上させる。また，生徒が選択することによって，クラスの技能レベルや先行経験がより等質化される。
● 生徒にとって新しいスポーツは，先行経験がないため，技能差が小さくなり，教えやすい。また，新しいスポーツは珍しさも手伝って喜んで受け入れられる場合が多い。例えば，フェンシングはほとんどの子どもたちにとって見たことも経験したこともないスポーツであるので，彼らの興味をそそり，指導しやすい。フェンシングにも特殊な技術，戦術，豊かな儀礼や伝統があ

る。フェンシングに必要な用具がない場合には，簡易オーストラリアンフットボール，ハンドボール（集団のハンドボールではなく，対人スポーツの一種），コルフボールといった外国の伝統スポーツや，アルティメットフリスビーのようなニュースポーツを採用するとよいだろう。

● スポーツ教育の経験を重ねるにつれて，子どもたちはスポーツの種目選択に関与し始めるべきである。このような種目選択は，この教育プログラムの役割の中に「スポーツ委員会」あるいは「スポーツ理事会」（p.46, p.121の例を参照）を組織することによって実行できる。クラスメイトによって委員会の委員に選ばれた生徒は，スポーツ種目の選択をはじめとして，スポーツ教育の諸問題に関わって教師に提言することになる。

1.2 スポーツを修正する

　スポーツ教育は，すべての子どもたちの参加を実現しようとする。授業時間は常に限られているとしても，可能な限り多くの成功経験をもつべきである。そのためには，正規の人数で行われる成人のスポーツは避けるべきである。ほとんどのスポーツは発達的観点からみて適切なものに，また最大限の参加を保障するものに修正できる。ここでいう「参加」とは，チームの一員として，実際に技能を発揮し，戦術的なプレイに加わることを意味する。これまで私たちの誰もが，正規の人数で行われるゲームにおいて実質的に参加していない子どもが少なからずいることを見出してきたはずである。以下に示すことは，スポーツを修正するための具体的な提言である。

■ ゲームの少人数化を図る
　教師の多くが経験的に知っており，また研究によって明らかにされてきたことであるが，正規の人数で行われるゲームは，すぐれた技能をもつ子どもによって支配される。技能の劣る子どもは，目立たぬように隠れているか，上手な子どもに支配されているかのどちらかである。このような問題を解決するための最もよい方法は，チームの人数を減らすことである。バレーボールの場合，私たちは少し高めのネットと小さなコートを使い，アンダーハンドパスとオーバーハンドパスの技能だけを用いた1対1のゲームによって，基本的な技術を

指導することに成功してきた。いうまでもなく、ネットを高くするのは、ボールの方向を予測したり、返球するための位置どりに時間的余裕を与えるためである。正規のコートを用いた6対6のゲームで使われる技術や戦術の大部分は、3対3のバレーボールでも活用される。同じ理由で、アップ・アンド・バック戦術[*1]でプレイする2対2のサッカーや、ゾーンディフェンスかマンツーマンディフェンスかを選択しなければならない3対3のバスケットボールでも活用される。

　小学校の教師のために大まかな原則をいえば、チームの人数を常に学年の数よりも少なくすることである。例えば、第4学年では、1チームの人数が4人を超えないようにすべきである。高校の上級学年でさえ、少人数のゲームによってより高い参加が得られる。

■親しみやすいプレイの条件をつくる

　もう1つの修正方法は、コートやフィールドの大きさ、用具の性質や大きさ、ルール等に焦点をあてることである。ルールについていえば、プレイが中断なく継続して行われるように配慮すべきである。例えば、サッカーでコート外に出たボールを取ってきたら、その者が自分でドリブルしてプレイを再開したり、またチームメイトにパスして再開するとよい。小さめのボール、柔らかめのボール、短めの用具、近くて低めの標的、大きいゴール、これらはすべて子どもたちにとってゲームをより親しみやすいものにする。また、そのスポーツの基本的特性を変えることなく、成功の機会を増大させる。

■ゲームの時間を短縮する

　ゲーム時間を短縮することによって、集中力が持続し、大きな得点差になることが防げる。各コートのゲームを同時に開始させ、同時に終了させると、授業の運営面で有効である。例えばハーフコートでの2対2のバスケットボールのゲームを、6分から8分間、4つのゴールを用いて同時に行ったとしよう。そして、それぞれのコートに審判、得点係、記録係を1人ずつ配置すれば、常に28人の生徒が学習に従事することになる。くわえて、それぞれのコートの

＊1　アップ・アンド・バック戦術　ふたりのプレイヤーが縦に並んだポジションをとり、これを基本にしながら協力して攻防する戦術。

各チームに1人ずつコーチがつくようにすれば，36人の生徒が従事することになる。6分か8分後にすべてのゲームが終わる。つづく2・3分の間に，キャプテンは割りあてられたコートに次のチームを送り込んでゲームの準備をさせ，審判も指定されたコートに移動する。そして次のゲームの得点係が記録用紙を取りに行き，割りあてられた場所へ向かう。この間に，前のゲームの得点係はゲーム記録を提出する。

　小学校の教師たちは3分から4分のゲームで十分成功を収めてきた。最適のゲームの長さは，授業時間の長さによって異なる。ゲームが多人数のチームで行われたり，複雑なルールのもとで行われるのなら，当然ゲームの時間を長くすべきである。また，定期的に選手交代を行うようにすれば，すべての子どもに十分な参加を保障することができる。

1.3　シーズンの長さ

　スポーツ教育の主な特性の1つは，「シーズン」の中で行われることである。シーズンという言葉をあえて用いるのは，典型的な体育の単元よりも長期にわたって授業を継続させようとするためである。シーズンの長さを決定する際に考慮すべきことは，子どもたちがどれほどの頻度で体育授業（週の授業数）を受けるのかということである。長期のシーズン設定が難しいのは，教師が「長い単元は子どもたちに飽きられてしまうのではないか」と恐れを抱いていることである。スポーツ教育を実施した教師たちが一貫して経験してきたことは，子どもたちがスポーツシーズンに本当に積極的に関わり，誰もがそのシーズンが終了してほしくないと願うようになることである。

　　スキップしながら多くの異なったことを学ぶより，1つのことをしっかり学ぶ方がよいと思う。これまでの体育では，それをどのように行うかということだけを学んでいたように思う……。自分たちがどれほどうまくなったか確かめるためにゲームを行うような試みはまったくなかっ

た。今回の授業を通して，自分たちの実力がどの程度か，自分たちが向上し，上手になることができたかどうか試すことができた。このことは大変意義深いことであった。

高校生

　シーズンは，スポーツ教育の目的を達成するために十分長くなければならない。シーズン中に，子どもたちは有能なゲームプレイヤーになることや，審判，得点係をはじめとするさまざまな役割について学ぶ。また，チームの中でディフェンスまたはオフェンスプレイヤーとして自信をもち，知的に行動することを学ぶ。これらの課題についての学習は，個々の初歩的技能を身につけることよりもはるかに難しい。これらの複合的な学習課題をしっかり習得するには時間がかかり，通常の体育単元で配当される時間よりも一層長い時間を必要とする。配当される時間は1時間の授業の長さと単元の授業時数で決まるため，どれほどの時間が適切であるのか，明確に指摘できない。しかし，成功している小学校のモデルをみると，通常45分間の長さの授業時間で，4日に1度か，1週間に2度の頻度で，計8回から12回の授業が行われている。あるいは30分間の長さで10回から14回の授業が行われている。中学・高校のモデルでは，毎回45分の授業で，少なくとも18回から20回行われている。

　普通私たちが教えているような3週間（週2回）の授業（6回の授業）では，ルールや技術を教える時間はなかった。そんなふうに教えることは，率直に言って，冗談を言っているようなものだ。

中等教育学校の体育教師

1.4 チーム編成

　スポーツ教育では，子どもたちはシーズンはじめに1つのチームのメンバーになり，シーズンを通してそのチームに所属し続ける。チームへの所属は，子どもたちの人格形成に肯定的に働きかける重要な要因である。また，チーム編成はプログラムの成功に重要な意味をもつが，子どもたちもチーム編成の方法には大きな関心を示すものである。

　チーム編成に関わって2つの大きな問題がある。1つはチームの人数であり，もう1つはその編成方法である。チームの人数は，取り扱われるスポーツをどのように修正するのかということや，シーズン中の試合をどのような形式にするのかということに関係する。これまでのスポーツ教育の実践にもとづいていえば，小学校のサッカーでは，クラス全体を8人から10人で構成される3つの親チームに分けることによって大きな成功を収めてきた。これによって，サッカーの試合は1対1から6対6までの範囲で行うことができる。2対2の試合を行う場合でも，8人のチームであれば2人組のチームをいくつかつくることができ，なおかつ6人組の大きなチームをつくることもできる。また，テニスのダブルスの試合を，クラス全体で1つのコンペティションを行おうとすれば，その試合を個々のダブルスチームをベースに実施するのか，あるいはいくつかのダブルスチームからなる大きな親チームを編成して実施するのか，決定しておかなければならない。その際，いくつかの小さなチームからなる親チームを編成すれば，欠席者の穴埋めができ，そのシーズンをスムースに進めることができる。

　次の5点は，チーム編成のためにしばしば用いられてきた方法である。
- 子どもたちの技能，態度，出席等のデータにもとづいて，教師がチームを編成する。
- スポーツ委員会の委員を教師が選び（あるいは子どもたちが選挙で選ぶ），この委員会と教師が共同してチームを編成する。
- チームのキャプテンは，教師が選ぶか，あるいは立候補者を立てて子どもたちに選挙で選ばせる。その後で，教師がキャプテンと協力しながら公平なチ

ームを編成する。さらにキャプテンはくじ引きによって各チームに割りあてられる。
● 子どもたちがスポーツ委員会の委員を選び，この委員会がクラスメンバーの技能や知識レベルにもとづいてチームを編成する。
● スキルテスト，試しの試合，梯子式順位決定試合等をプレイヤーのランクづけに用い，これにもとづいてチーム編成を行う。

　スポーツ教育の目的の1つは，子どもたち自身がスポーツ経験の管理運営に対して次第に責任を負うようになることである。このような目的に照らしていえば，はじめのうちは教師がチームを編成するとしても，次第に教師と子どもたちの共同によるチーム編成や子どもたち自身によるチーム編成へと移行させていくことが望まれる。
　以下で示すチームの大きさやチーム編成に対するアドバイスは，これまでスポーツ教育を実践してきた教師たちの経験や意見から得られたものである。読者がどのように決断するかどうかは別にして，子どもたちはこのチーム編成に大きな関心をもつことを知っておくべきである。このように，彼らにとって大きな関心事であるからこそ，チーム編成は公平さの観念を教えたり，強化したりするための絶好の機会となる。

■ **大きな親チームに小さなチームを組み入れる**
　授業の中で2つ以上の競技形式を適用しようとするなら（例えばシングルス，ダブルス，混合ダブルス，あるいは2対2と4対4），きるだけ大きな親チームをつくり，その中にいくつかの小さなチームを組み入れるとよい。これによって，異なった試合形式に対応することができるし，シーズンを通したチーム対抗の総合競技を企画することができる。さらに各授業時間の欠席者の補充にも対応できる。

■ **チーム編成に際して予想される欠席者を考慮する**
　1つだけの競技形式（例えば3対3のバスケットボール）を計画する場合でも，子どもたちの技能レベルや欠席者の見込みを勘案してチームの大きさや編成の方法を決定する必要がある。1つの競技形式を用いる場合でも，大きな親

チームを編成し，そこから小さなチームを選び出せるようにすることのメリットは大きい。この方法は欠席者の穴埋めができるとともに，能力別の1部リーグの試合や2部リーグの試合を可能にする。また，親チームから選出される男子競技，女子競技，混合競技といった形式の試合も実施できる。

■チーム数を奇数にして「当番チーム」をつくる

　スポーツ教育を実践してきた教師の多くは，試合のために当番チームを設け，これを活用することによって成功させてきた。当番チームはプレイをするのではなく，審判，タイムキーパー，記録係の役割を担当する。例えば，クラスに3チームがある場合，予定されている試合のそれぞれに1チームが代わる代わる当番チームの役割を担当する。この方法を採用するには，チーム数は奇数にした方がよい。

■チーム編成者を指名するための明確な基準を設定する

　チーム編成に関与する者をクラスから選出する場合には，明確な選出基準を決めておく必要がある。チーム編成者やスポーツ委員会の委員を選ぶときには，その選出基準は運動能力の優劣ではなく，すぐれた判断力が重要であることをわからせる必要がある。

■チーム編成のための明確な基準を設定する

　子どもたちがチーム編成に関与する場合，チーム編成のための基準をしっかり理解させることが大切である。チーム編成委員は，技能や体力レベル，性や人種のバランス，リーダーシップを備えた者の均等な配分，頻繁に欠席する者の均等な配置，仲の悪い者を同じチームに入れないこと等々を考慮すべきである。チーム編成過程での話し合いの内容は，チーム編成委員以外には知られないようにすべきである。繰り返しになるが，この過程は公平さや責任の観念を教えたり，強化したりするための絶好の機会となる。

■チーム編成のための時間消費を考慮する

　チーム編成のために技能テスト，試しの試合，または梯子式順位決定試合を行うなら，そのためのチーム編成は迅速に行われなければならない。納得のいくチーム編成過程に費やされる時間と，運動能力を身につけるために費やされる時間との差益を考えるべきである。チーム編成の過程は公平でなければならないが，そのためにスポーツ教育シーズンから貴重な学習時間が失われること

がないように配慮すべきである。
■学習するスポーツにある程度慣れてからチーム編成は行われるべきである
　子どもたちに馴染みのないスポーツ単元は，すでに経験したことのあるスポーツ単元に比べ，チーム編成の時期をやや遅らせた方がよい。

1.5　チームの中の役割

　スポーツ教育モデルに不可欠な役割を担う者は，キャプテン（あるいはコーチ），審判，得点係，記録係等である。その他，スポーツ教育を実践してきた教師たちが効果的に適用してきた役割には，広報係，マネジャー，トレーナー，スポーツ委員会の委員，アナウンサー等がある。これらの役割はそれぞれ明確に規定しておく必要がある。また，適用される役割がどのようなものであれ，それらはアカウンタビリティ・システム（評価システム）の中に組み入れるべきである。というのも，それらの役割を果たすことがチームや個人の評価に反映されなければ，役割に対して真剣に取り組むことが期待できないためである。
　それぞれの役割は具体的状況によって異なるが，以下では一般的な役割について述べておきたい。
- ●キャプテン（あるいはコーチ）は，ウォームアップを指揮し，技術や戦術の練習を指導する。また先発メンバーを決定し，教師またはマネジャーに提出する。全体としてキャプテンはチームに対してリーダーシップを発揮する。
- ●副キャプテン（あるいは副コーチ）は，キャプテンを補佐し，キャプテンがいないときにはその任務を代行する。
- ●審判は，競技を管理し，ルールに関する決定を行い，不当な妨害なしに競技を進行させる。
- ●得点係は，得点につながるパフォーマンスを記録したり，試合進行中の得点を表示したり，さらに記録を集め，最終記録をしかるべき人（教師，マネジャー，または記録係）に提出する。
- ●記録係（あるいは統計処理係）は，その他の意味のあるパフォーマンスに関するデータを記録し，終了時にそれを集め，試合全体のデータにまとめて，

しかるべき人（教師，広報係，またはマネジャー）に提出する。
- 広報係は，集められた記録と統計データを受け取り，それらを公表する。公表は週刊スポーツ紙，学校新聞，ポスター，または特別に刊行されるスポーツ教育ニュースレターを通じて行われる。広報係は，一般に「スポーツ情報ディレクター」と呼ばれている人と似通った役割を果たす。
- チームマネジメントの仕事とコーチの指導的役割とを区別して，しばしばマネジャーが適用される。マネジャーはさまざまな書類を提出したり，チームメンバーを競技者，審判，得点係といった役割につかせる等，チームが確実に果たさなければならないさまざまな責任に対する管理的機能を請け負う。
- トレーナーは，スポーツ傷害の一般的知識について理解したり，救急処置の薬品を取りに行ったり，練習や試合中の傷害の様子を教師に知らせたりする等の責任をもつ。トレーナーは教師の許可なしに救急処置を施すことはできないが，教師が救急処置を施したり，その後のリハビリテーションを行う際に手助けする。
- スポーツ委員会の委員は，スポーツ教育シーズンを進行させるための全体的方針に関わる事項について教師に助言を与える。また，フェアプレイのルール侵害や試合のスケジュール等について最終的な決定を下すことができる。
- 放送係は，選手を紹介したり，試合中のプレイを解説したりする。

　役割遂行についての説明を十分に行い，またそのことに対する期待が大きければ，子どもたちはそれぞれの役割を確実に学習するものである。また，このことを実現するための有効な方法の1つは，「役割帳」をつくることである。「役割帳」には，それぞれの役割に対する義務や課題に加えて，それらをどのように遂行するのか，いつ行うのかが具体的に記述される。教師はこの「役割帳」を子どもたちに配布し，シーズンの終わりには配布されたときと同じ状態で返却させるべきである（教師たちはこの「役割帳」の返却をアカウンタビリティ・システムの一部に組み入れることによって成功を収めてきた）。第5章で示した小学校のモデルでも，1人ひとりの児童に「役割帳」を与え，シーズン終了後にそれを返却させている。高校生には通常それほど多くの指導を必要としない。アカウンタビリティ・システムがうまく機能していれば，自主的に

行動することが期待できる。

1.6 チームのアイデンティティ

　子どもたちの多くは自分のチームに強い愛着をもつようになるものであるが，このことを意図的に助長すべきである。そのためには，チームに名前をつけるべきである。ユニフォームを揃えるのもよい。もっとも，ユニフォームを揃える場合は，価格や地域の状況を考慮すべきである。この他，チームの写真は安価でつくることができるし，これを掲示板や試合のスケジュール表に貼りつけるとよい。

　各チームには体育館またはグランドに「ホーム練習場」が割りあてられる。各チームのメンバーは授業のはじめにその場所に集合し，準備運動やチーム独自の技術や戦術練習を行う。ホーム練習場を割りあてることによって，子どもたちを管理するための常規的活動に費やす時間が節約できる。ホーム練習場でキャプテンにメンバーの出席を確認させ，教師に報告させることもできる。

　チームに授業時間外の練習を勧めることもできる。小学校の教師たちは，チーム練習のために昼休みや始業前，放課後の時間を利用してきた。中学や高校段階でも，チームが授業時間外に自主的に練習するように奨励される。授業時間外の練習を評価システムやアカウンタビリティ・システムの中に組み入れる方法は，各章の適用例の中で述べられている。さらにチームに対して校内競技大会や地域のレクリエーション的な競技会に参加するように奨励することもできる。

1.7 試合の種類とスケジュール

　スポーツ教育においては，競技会の公式スケジュールが計画される。そのスケジュールは，子どもたちが試合の準備ができるように，シーズンに先がけて決定される。実際には，シーズンの進行に伴って調整されることもある。どのような試合形式を採用するかは，多くの形式やその組み合わせの中から教師によって選ばれる。大切なことは，試合の結果にかかわらず，すべての子どもた

ちが試合に参加しつづけることであり，負けたチームを除外するような試合形式は避けるべきである。「すべての子どもの完全参加」は，スポーツ教育に貫かれた理念である。このことをしっかり心に留めておいてもらいたい。以下では試合形式を例示する。

● チームスポーツで一般に適用されている総当たりのリーグ戦。
● 通常のスケジュールで行われる2組のリーグ戦とその後のプレイオフ戦。
● リーグ戦形式の中で行われる複合的な試合：例えばそれぞれのチームの試合が女子シングルス，男子シングルス，混合ダブルスからなっているようなテニスのリーグ戦。
● 同じチーム間で継続的に行われる総当たり戦：例えば1対1のゲームで始まり，2対2を経て，最終的に4対4のゲームに至るようなサッカー・シーズンの試合。
● 同じチーム間で競技課題を変えながら進めていく競技：例えば規定演技に始まり，自由演技を経て最終的に集団体操競技に至るような器械運動シーズンの試合。
● チームの中の個々人が異なるイベントに参加するチーム競技：例えばチームのメンバー個々人が走競技・跳躍・投擲競技からそれぞれ1種目を選んで参加し，チーム対抗で行う陸上競技の総当たり戦。
● 相手チームと直接対戦する試合ではなく，達成基準に対応して獲得した得点を加算して行われる競技：例えばアーチェリー，水泳，陸上競技。

　図2.1は，シードを取り入れたトーナメント競技形式である。この形式では，すべてのチームが同じ数の試合を行い，最終的に最上位から最下位までの順位づけがなされる。

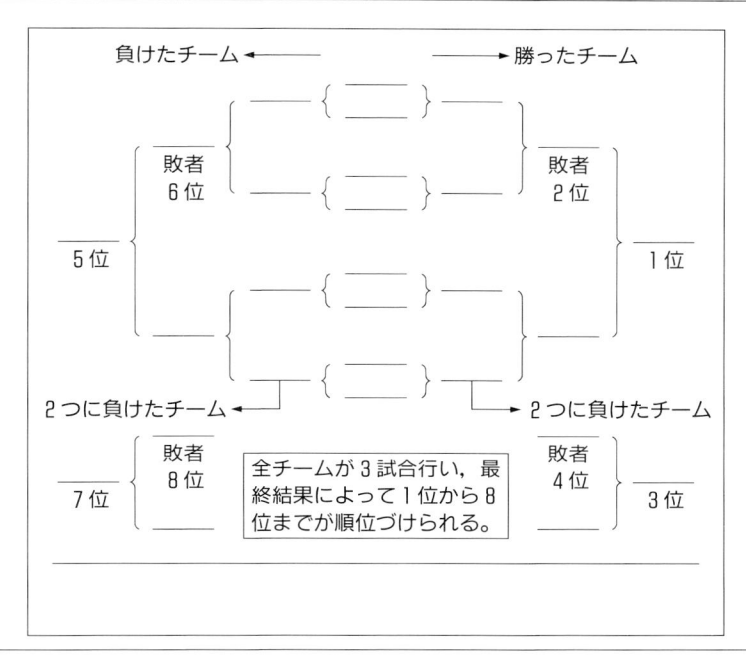

図2.1 負けたチームが除外されずに試合参加できるトーナメント競技の例

1.8 クライマックスのイベント

　クライマックスのイベントはシーズンの終わりを特徴づけるものである。イベントはスポーツを祝福し，盛り上げる祭典として機能するとともに，優勝者や最終的な順位を決定する機能を果たす。クライマックスのイベントはスポーツシーズンに特別な意味を与えるが，同時にスポーツ教育モデルの教育目的に寄与するものでなければならない。したがって，教師はクライマックスのイベントの祭典的側面を試合のもつ競争的側面以上に強調すべきである。イベントはすべての子どもたちのためのものであり，全員がこれを積極的に経験すべきである。
　クライマックスのイベントの行い方は無数に考えられる。クラス内だけに限定して行うこともできるし，クラスを超えた広がりで実施することもできる。

例えば，通常のスケジュールの中で順位づけされた1位から5位までのチームが他のクラスの同順位のチームと試合をするといったクラス対抗試合を行うことができる。あるいは，平均台，床運動，鉄棒運動の1つを専門とするすべての子どもたちを対象にして，クラス対抗の体操競技大会を開催することもできよう。

クライマックスのイベントはセレモニーであり，スポーツの伝統や儀礼を強調すべきである。チームの入場の際には音楽をかけることができる。チームの横断幕を体育館や運動場に掲げ，チームの本拠地の目印にすることができる。プレイヤーと役員は，オリンピックゲームの開会式のように宣誓するのもよいだろう。アナウンサーが選手を紹介したり，特別ゲストを招待するのもよいだろう。学校にビデオがあれば，そのイベントを収録し，後で子どもたちに見せることもできる。また，シーズンの終わりにはさまざまな賞を授与すべきである。

2．記録の保持と活用

スポーツ教育の大きな特性の1つは，パフォーマンスの記録を残していくことである。その記録は，さまざまな用途に利用できる。第1の用途は，個人やチームのパフォーマンスの改善に向けてフィードバックを与えることである。第2の用途は，個人やチームのパフォーマンスの向上や成果を公表し，賞賛することである。第3の用途は，学校内の標準記録を確立することである。このことが学校のスポーツ的伝統を築き上げることになる。第4の用途は，教師が評価や評定に活用することである。

子どもたちが記録係（記録の統計処理係と呼ぶこともある）の役割を担う際には，パフォーマンスに焦点をあてて観察したり，記録に関連したパフォーマンスを正確に見分けたりすることを学習しなければならない。例えばバスケットボールでは，記録係はアシスト，リバウンド，スチール，シュート，得点の判断のしかたを学習する。器械運動やエアロビクスの試合では，生徒は得点制を用いた演技の採点のし方を学習する。このことは「スポーツについての学習

（スポーツの知的理解）」に関わってきわめて重要な方法である。

　他の役割の学習と同様に，年少の児童やはじめて学ぶ初心者であれば簡単なことから始めるべきであり，その後，記録する内容やその数の面で徐々に難しくなるようにすべきである。例えば4年生のフロアーホッケーでは，シュート，ゴール，スチール等の記録が期待できる。上級学年のバレーボールでは，ブロック，スパイク，サービスエースの数を記録することが期待できる。数年間，スポーツ教育の経験を積んだ児童・生徒であれば，完全で洗練された記録の収集や保持が期待できるであろう。

　記録の保持を確実に行うには，子どもたちが試合中に簡単に使えるような記録用紙を作成しておくべきである。また，教師は子どもたちの記録が信頼できるものであるかどうか，確かめる必要がある。このような記録の保持は，スポーツ教育の主要な特性の1つであるので，記録の保持に関与した子どもたちの学習成果をアカウンタビリティ・システムの一部に組み入れるとよい。正確なデータを得るためには，2人の子どもにそれぞれ同じパフォーマンス・データを記録させ，2つの記録を比較して信頼性を確認させる方法がある。

　図2.2は，バレーボールの試合結果表を示している。また下段の図では，単に勝ち負けだけではなく，対戦した競技チームに対する得点や失点を書き込むようになっている。

3．フェアプレイや公平な競技を教えること

　スポーツ教育の主要な目標の1つは，「善良な」スポーツ人を育成することである。この目標を達成するには，子どもたちがフェアプレイや公平な試合を大切にすることの意義を学ばなければならない。青少年のスポーツからエリートスポーツに至る「制度化されたスポーツ」にみられる問題の多くは，スポーツの中で責任を果たすべき人たちの非倫理的な行動によって引きおこされている。

　善良なスポーツ人は，すぐれた技能や豊かな知識を備えたプレイヤー以上のものでなければならない。スポーツ教育はこの側面を強く主張する。善良なス

52　スポーツ教育について

バレーボールの試合結果表

	ベアーズ	イーグルス	タイガース	シャークス	クレインズ	ライオンズ
ベアーズ						
イーグルス						
タイガース						
シャークス						
クレインズ						
ライオンズ						

得点

	1	2	3	4	5	合計
ベアーズ						
イーグルス						
タイガース						
シャークス						
クレインズ						
ライオンズ						

失点

	1	2	3	4	5	合計
ベアーズ						
イーグルス						
タイガース						
シャークス						
クレインズ						
ライオンズ						

図2.2　バレーボールの試合結果表の例

ポーツ人は，フェアプレイと公平な競技を重んじなければならない。それ以上に，進んでそれらの価値を防御する行動が体現できなければならない。

最終的に，子どもたちは公平な試合が行われるときに，スポーツは全参加者にとって最良のものとなることを理解する。同様に，スポーツの伝統を統治しているフェアプレイの慣習を逸脱して得られたような勝利は，意味のないものであることを理解するようになる。

　　私たちは互いに尊重し合うことを学んだ。……他の人からいやがらせを受けることはまったくなかった。……私たちはみんなで知恵を合わせて，何を行うのかを決めていった。

　　　　　　　　　　　　　　　　　　　　　　　　　　　　高校生

フェアプレイや公平な競技の価値は，オーバーハンドパスやゾーンディフェンスの指導と同じように，具体的にしかも情熱をもって指導する必要がある。技術や戦術と同様に，これらの倫理的価値に対しても，正しい行動に導く指導，練習，そしてフィードバックが必要である。以下にあげる一連の提言は，これらの重要な教育目標を達成するうえで役立つはずである。

■フェアプレイに関わる具体的な行動がはっきりわかるようにする

小学校の教師たちは，フェアプレイやアンフェアプレイの条項を書き示したポスターを利用することによって成功を収めてきた。これはフェアプレイやアンフェアプレイに関わる具体的行動を規定したものである（詳しくは p.168 を参照）。フェアプレイおよびアンフェアプレイの定義はスポーツによって異なることがあるので，これを指導するにあたっては，そのスポーツに独自なものでなければならない。高校の教師たちは「スポーツ委員会」を設置することによって成功を収めてきた。この委員会では，試合時に審判によって記録された事例や，コーチが提出したアンフェアプレイの事例が審議される。

■フェアプレイを奨励したり，これに賞を与えるようなアカウンタビリティ・システムを用いる

　フェアプレイのための個人賞やチーム賞が適用されてきた。フェアプレイの規則違反に対する罰則は，実質的な意味をもつものでなければならない。審判に対しては，アンフェアプレイをどのように取り扱い，どのような罰則を与えるのか，十分指導する必要がある（繰り返しになるが，これらはスポーツによって異なる）。

■肯定的で支援的な観戦のし方を指導し，助長する

　子どもたちは，チームメイトを適切な方法で応援したり，相手チームの努力を尊重することを学ぶべきである。

■主要な目標である「公平な競技」を実現するために，はっきりしたチーム選抜システムを適用する

　このことは，公平な競技の価値を教えたり，強化したりするうえで役立つ。

■選挙によってスポーツ委員会を設置する

　この委員会は，試合に関わった諸問題やフェアプレイについて討議したり，これらについての意思決定を行う。このような活動は，子どもたちに責任の意義を教えることになるし，そのことに関わって重要な問題に直面させたり，対処させたりする。

■競技の勝利に対して与えられる賞と同等にフェアプレイ賞を重視する

　このことは，賞を与えるためのポイントシステムをいかに確立するかということに示唆を与えるものである。

■そのスポーツに特有の儀式形式を指導し，これに関わった望ましい行動に賞を与える

　フェンシングでの相手に対する礼，体操競技での演技の後に行う審判に対する礼，球技の試合の後に整列して行う握手，これらすべてはスポーツの中でフェアプレイが大切にされていることや，相手の奮闘をほめたたえていることを行動として表わす儀式形式である。しかし，真の指導目標は，このような儀式的行動を通してその奥底にあるフェアプレイの精神を表現させることにある。

4．スポーツ教育における練習

　スポーツ教育は，ボールを与えて遊ばしておくことを許すわけではない。一連のゲームを仕組んで終わるわけでもない。また，指導者の監督のもとで行われるレクリエーションでもない。そこには多くの役割があり，それらは学習されなければならない。また，それぞれの役割についての練習が必要である。教師は一般にスポーツの技術や戦術を指導する方法には精通しているが，子どもたちにどのようにコーチしたり，審判したり，得点を記録したり，また記録を統計処理したりするのか，これらについての指導経験はほとんどもっていない。

　　私たち教師は責任を負うことに慣れている。……最も難しかったのは前面に出ずに後方に引き下がることであった。生徒たちが自分たちのチームで行ったはじめての練習光景を，今でも鮮明に覚えている。私は彼らにバレーボールを与え，壁にもたれて座ると，すべての生徒ははじけるように生き生きと動き出した。ボールがあらゆる方向に飛び交った。……私はただ待っているだけだったが，そのような光景は何の前触れもなく突然に起こった。……そこにはコーチたちが活動していた。練習しているチームのメンバーの姿があった。その後，指導法が以前のかたちに戻ることはなかった。

　　　　　　　　　　　　　　　　　　中等教育学校の体育教師

　スポーツ教育は，ちょうどスポーツシーズンのそれのように進行する。シーズンはじめは，主に基本的な技術や戦術の練習に費やされる。この段階での指導は，いくつかの点で伝統的な体育の指導モデルと類似している。もちろん各

チームのキャプテンが指導を助ける。それぞれのチームは自分たちのホームスペースで練習することができる。試合が近づくにつれて，練習はそれぞれのチームで特殊なものになり，チームのストラテジーにもとづいて行われる。シーズンの中間では，練習と試合とがバランスよく行われ，練習も試合に向けてより具体的なものになる。シーズンの終わりの段階は当然試合が中心になるが，そこでも試合に向けてコンディションを整えるための練習が行われる。また，段階的に複雑な試合が導入されていくような方法が採用される場合には，それぞれの段階の試合に必要とされる技術や戦術を導入したり，練習したりすることが必要になる。第3章で示す小学校のサッカーモデルでは，1対1の試合で始まり，2対2，3対3，そして最終的に5対5のゲームへと発展していく。それぞれの段階で，試合に必要な新しい技術や戦術が導入される。以下では，望ましい練習をデザインするための要点をあげておきたい。

■シーズンの初期段階では，競技者（パフォーマー）以外の役割学習が重視されるべきである

　審判は，どのような違反行為を見つけるべきか，それらの違反行為をどのように呼ぶのか，不当なインターフェアが行われた場合は別として，いかにして試合をスムースに進行させるべきか，これらについて学習する必要がある。同様に，スコアラーとして，また記録係として，どのように試合を観察するのか，どのようなパフォーマンスデータを収集すべきか，さらにデータをどのように選別し，要約するのか，これらについても学習すべきである。採点スポーツの場合には，そのスポーツにおけるフォームやスタイルの評価基準に関して指導する必要があり，場合によってはその基準について討議させるのもよい。

■具体的な目標を設定すれば，練習はより真剣に，より効果的に行われる

　シーズンの初期段階では，練習の大部分は教師の指導のもとで行われる。その指導は，伝統的な指導スタイルのもとで，すぐれた教師たちによって適用されてきた方法に類似している。シーズンが進むにつれて，練習は個人やチームの利点や弱点に対応して特殊なものになっていく。この段階では教師が重要な役割を果たす。試合期間では，教師は個人やチームのパフォーマンスに目を向け，記録すべきである。これらのノートが練習の目標設定に生かされ，チームのキャプテンと話し合ったり，彼らを導くために活用される。ひいては，次の

練習目標を決定するための資料として利用される。「スキル・チェックリスト（p.76参照）」や「がんばりスキルカード（p.107～p.110参照）」は，目標達成に向けた技術練習の例を示している。

■チーム練習のために自由時間を活用することができる

　スポーツ教育を実践してきた教師たちは，全体的なポイントシステムの一部に「自由時間における練習」を組み入れることによって，子どもたちの活動を活性化することに成功してきた。しかしながら，これらの練習を行う場合には，具体的な目標をもたすべきである。それらが単なる遊び以上のものにするためには「練習報告システム」を適用するとよい。

5．アカウンタビリティ・システム

　スポーツ教育プログラムでは，子どもたちのパフォーマンスに対する明確なアカウンタビリティ・システムが確立されてきたが，そのことは実にうまく機能してきた。このシステムの事例は各章の適用例で示されているが，特に10章では，アセスメントに焦点をあてて論じている。

　アカウンタビリティのもっとも一般的な形態は，シーズンの終わりにチャンピオンを決定したり，さまざまな賞を決定する「ポイントシステム」である。このポイントシステムには，生徒たちが責任をもって実行しなければならないさまざまな要素が組み入れられる。つまり，それぞれのチームは，試合の勝ち点だけでなく，パスのテスト，授業以外の練習の実行，ウォームアップの行い方，フェアプレイ，パンフレットの返却方法，広報の役割の遂行等によってポイントをかせぐ。このような総合的なポイントシステムによって個人的な賞やチームの賞が決定される。当然ながら，このポイントシステムによってそのシーズンの総合チャンピオンが決定される。

　1章と2章では，スポーツ教育の基本的な考え方を明らかにするとともに，このプログラムの実践に着手するための方法について説明した。第Ⅱ部では，異なった学年段階での具体的なスポーツに関わった実践適用例が示される。これらの事例は，バレーボール，サッカー，体操競技，テニスといった具体的な

スポーツが，スポーツ教育という枠組みの中でどのように実践されるのか，詳しく説明することであろう。またそこでは，異なった学年段階でスポーツ教育を適用する場合に，そのモデルをどのように修正・調整すべきかということについても，詳しい情報が提供されることであろう。

第Ⅱ部

スポーツ教育のカリキュラム例

スポーツ教育のカリキュラム例

　第II部では，スポーツ教育の適用例を紹介する。ここでは，異なった学年段階と異なったスポーツを選んで取りあげている。小学校の例では，サッカー（3章）と器械運動（4章）を取りあげ，そして5章では，小学校の体育カリキュラムの主要部分として，スポーツ教育をどのように取り扱い，実践すべきかを解説している。

　中等教育段階の例で取りあげるスポーツは，バレーボール（6章），タッチラグビーとテニス（7章），さらにフィットネス（8章）である。第II部のまとめである9章では，中等教育段階の体育カリキュラム全体の中にスポーツ教育がどのように位置づくのか，詳しく解説している。

　それぞれのスポーツ種目の適用例を読んでいく際に，「このスポーツ教育モデルを他のスポーツ種目に適用した場合，どのように展開されるのか」，また，「ある特定の学年段階で提示された例（例えば小学校段階のサッカー）を，他の学年段階に適用すればどのように実践されるのか」，これらの点を常に考えるようにしていただきたい。そうするためには，「異なった発達段階でどのように実践されるのか」ということと，「ある学年段階でスポーツをどのように修正したり，組織したりすべきか」ということを区別して考える必要がある。例えば，サッカーの章を読む場合に，サッカーは8学年段階と4学年段階とではどのように差異をつけて行われるべきかを考える必要がある。くわえて，中等教育段階に対する一般的な示唆が，サッカーという特定種目においてどのよ

スポーツの修正	実行上の問題
・どれくらいのチームサイズが最適か	・どのようにしてチームを編成するのか
・どのルールを修正すべきか	・どのようにしてキャプテンを選ぶのか
・どのような試合形式を用いるべきか	・賞を与えるためのポイントシステムの中にどのような要素を組み入れるのか
・どのようなパフォーマンス・データを残すべきか	・フェアプレイをどのように強調し，どのように評価するのか

うに具体化できるか，ということについても考える必要がある。p.60の表に，異なった視点からそれぞれの適用例を見つめる方法を示している。このようにして，最終的に読者がスポーツ教育を完全に理解したうえで，自分のおかれているリアルな状況のもとで，スポーツ教育を実践したいと思うようになっていただきたい。

　読者は，各章の適用例のさまざまな組み合わせを通して，本書で例示できなかった中等教育段階でのバドミントン，あるいは小学校段階でのタッチフットボール等々をどのように実践すべきか，理解できるようになるだろう。また，スポーツ教育の展開方法を深く理解できるようになれば，自分自身のプログラムとしてそれをどのようにスタートさせるべきか，はっきりしたイメージがもてるようになるだろう。

第3章

小学校段階のサッカー

クリス・ベル（リバーサイド小学校）
ジェーン・ダーネル（オールデ ソーミル小学校）

　この章では，小学校段階のスポーツ教育としてサッカーを取りあげる。ここで取りあげる適用例は，3年生から6年生に適しているが，もっと上級段階にも応用できる。また，すでにサッカーを経験している児童たちのために，一層複雑なゲームの事例が取りあげられる。そこでは，サッカーシーズンの実行やさまざまな意思決定に関わってより大きな責任が児童に与えられる。

スポーツ種目と学年段階：サッカー；3～6学年

シーズンの構成：10～12時間（40分授業）

チームの編成：教師が選択して作ったチーム；チームのキャプテンも教師によって選ばれる。

試合形式：シングルス，ダブルス，トリプルス，ミニサッカーのトーナメント

児童の役割：プレイヤー，キャプテン，審判，スコアラー，タイマー，コーチ

記録：筆記テスト，技術のチェックリスト，プレイや審判に対するパフォーマンス評価（教師が実施）

特記事項：授業外の練習時間，クラス内会議，学習ノート，ランチタイムの校内競技会（チアーリーダー，観戦者，コメンテーターの活動も含む）

1．チーム編成とキャプテンの選出

　シーズン中，協力しあわなければならないチームのメンバーは，教師によって選出される。そこでは，できるだけ技能レベルが等しくなるように配慮される。また，チームの選出は，児童の技能，ゲーム経験，協力やリーダーシップの能力等，事前に入手できる情報にもとづいて行われなければならない。子どもたちの技能レベルがわからない場合は，ドリブルテスト（ドリブルで障害物を回ってくる時間の計測）を課せば最低限の情報を得ることができる。クラスの人数の大きさによって，2ないし3チームが編成される。小さなクラスであれば，2チーム編成で十分である。大きなクラスであれば3チーム編成がよい。チームの中に一層小さなチームをつくる必要が生じるが，それらのチームは，すべて2ないし3の親チームの中に組み入れられる。例えば，2対2の試合が行われる場合，2ないし3の親チームからできるだけ多くの「2人チーム」が選出される。そして，この「2人チーム」の勝利数が親チームの合計得点にカウントされる。したがって，全体的な試合の結果は，親チームの間で決定されることになる。

　それぞれのチームは2人のキャプテンを選出する。選挙は無記名投票で行われる。キャプテン契約書は，図3.1のようである。

2．授業の進め方と指導

　シーズンは，サッカーの概説と歴史の指導で始まる。安全に関するルールは，教師によって直接指導される。またシーズン全体の進行が説明される。ウォームアップや学習のための約束行動が，シーズンの最初の日に確立される。ウォームアップやストレッチングの後で，キャプテンがチームのメンバーにボールを分配し，次にドリブルやリフティング等のスキル・ウォームアップが始まる。毎時間，このように一般的なウォームアップとスキル・ウォームアップ

チーム・キャプテン契約書

キャプテンの責任は下記の通りである。

○フェアプレイを率先して実行すること
○チームのウォームアップを適切に行わせること
○不適切な服装をしている者がいる場合には報告すること
○プレイヤーにゲームの時間を伝え，わからせること
○プレイのポジションを割りあてること
○試合中にチームをまとめること
○ルールに関する正しい知識を理解すること
○安全で適切な練習を行うこと
○授業中望ましい約束行動を率先して実行すること

キャプテンの署名
チームメンバーの署名：

図3.1　キャプテン契約書

が行われる。このような活動はシーズンを通してキャプテンが導くことになる。一般的なウォームアップやスキル・ウォームアップの具体的な行い方はポスターで掲示される。教師の合図やテープレコーダーの音楽に合わせてウォームアップを開始したり，終了させることもできる。音楽を使う場合には，音楽の終了がウォームアップ時間の終了の合図である。授業でのスキル・ウォームアップは，シーズンが進行するにつれて，次第に洗練されたものになっていく。

　指導されるサッカーの技術とルールは，シーズンに配当される時間によって異なる。シーズンはじめに，ドリブル，シールディング（ボールを相手にとられないように隠す技術），タックリング，シューティングなどの基本技術が紹介され，1対1のゲームに向けた練習が行われる。審判やスコアのつけ方についても，試合の準備として紹介される。

　シーズンが進むにつれて，技術・戦術の指導と練習は，次第に難しくなっていく試合（2対2，3対3，さらに5対5に発展していく）にあわせて高度なものになっていく。2対2の試合においては，フォワードとディフェンダーのポジションやパス技術が紹介される。3対3の試合では，ゴールキーパーの技術，トライアングルパス，フロアーポジショニング等も導入される。シーズンが長い場合には，1チーム4人あるいは5人のミニゲームにまで発展させることができる。この場合は，フォワードやディフェンダー，キーパーのような役割も加えることになる。

　サッカーは，小学校の体育館の中でも不都合なく行うことができる。悪天候であったり，屋外フィールドの条件が悪い場合は，授業は体育館の中で行うことができる。体育館で行う場合は，ファームボール（柔らかいボール）や少し空気圧を下げたボールを使用するとボールがコントロールしやすくなる。コーンやマーカーでサッカーコートやゴールをつくることができる。ゴールエリアを識別するためにテープや壁に立てかけたセイフティマットを用いることができる。室内サッカーを行うときには，ボールが他のチームのプレイ空間に入ってしまった場合にどのように行動すべきか，「妨害予防の約束」をつくっておく必要がある。

　室内サッカーの利点の1つは，コート外に出たボールを追いかける時間が少

なくなることである。「妨害予防の約束」（例えば，指定されたプレイヤーのみがボールを回収するために他のゲームスペースに特定の方法で進入できる）をうまく活用すれば，室内サッカーは屋外ゲーム以上に都合のよいものである。

3．児童の役割

小学校段階のモデルでは，キャプテンは授業中にみんなが行わなければならない約束行動に関わって役割を果たす。つまり，キャプテンは，毎時間の授業の開始時に出席や服装の状況を確認して報告する。ウォームアップを行う。用具を準備する。列の方向を変える。定められたフィールドやコートにチームのプレイヤーを配置する。さらに，昼休みの練習や試合のためにチームを組織する。

キャプテン以外の児童も，審判，スコアラー，記録係等の役割を学習する。記録の保持については，はじめはゴールショット数やゴール成功数といった単純なことがらだけが記録される。経験を積み重ねるにしたがって，スチール，セーブ，アシストといったより多くのことがらが記録される。また，児童たちは，ゲームの時間を記録したり，試合の開始と終了の合図を送る役割も担う。

4．試合

サッカーシーズン（単元）には，いくつかの異なった試合が行われる。それぞれの試合に関連して，次第に複雑な技術や戦術が適用されるが，それらが発展的に指導されていく。

▨ 1対1

シーズンは1対1の試合で始まる。プレイヤーは技能レベルによってランクづけがなされ，上級者の試合，ビギナーのための試合，経験の乏しい児童のための試合が行われる。1対1の試合は，バスケットボールのハーフコートぐらいの広さで行われる（図3.2）。ゴールされたり，ボールが奪われてしまえば，

ボールは素速くバックラインに運ばれ、そこからドリブルでリスタートする。

　屋内でプレイする場合，このハーフコートでの1対1のゲームは，体育館の全コートの8分の1の広さで行うことができる。また，試合のペースをゆっくりしたものにするために，防御する者がゴールから離れることを禁じることもできる。そのような制限を加えれば，子どもたちはリスタートのたびにドリブル，シールディング，タックリング等を余裕をもって練習することができる。各コートには2人のプレイヤーの他に審判とスコアラーが加わる。キャプテンがチームを編成し，それぞれのメンバーを試合コートに配置させる。試合では3分間ゲームが適用される。

　実際の試合に先立ってチーム内で実践練習が行われ，そこでは技術や戦術の練習とともに，試合のための組織的なセットアップの習熟がめざされる。直接プレイしない児童は，それぞれ割りあてられたフィールドやコートで審判やコーチの仕事を行う。3分間のゲームが終了するごとに審判も交代する。

　この方法は，Aチームのプレイヤー""の1人とBチームのプレイヤーの1人で行われる対人総当たり方式（dual round-robin tournaments）である。それぞれの勝者が得点を得，親チームの得点に加算される。この1対1のゲームはドリブル，シールディング，タックリング，シューティング等の初歩的な技術を練習するうえで有効である。

■ 2対2

　次の試合は2対2である。そこでのゲームは1対1のコート（図3.2）を2倍にして行われるが，コートの数や広さはクラスの総人数によって異なる。ダブルスのチームは，初心者と上級者で構成される。そして上級者のプレイヤーがゲーム中にコーチの役割も果たす。また，この段階ではパスやカットの技術とともに，フォワードとディフェンダー，アップ・アンド・バックといった戦術が指導される。各コートには4人のプレイヤーの他に，2人の審判と2人のスコアラーが配置される。ここでも総当たり方式が適用され，ゲームごとに審判とスコアラーが交代する。2対2の試合では，1ゲーム3分で，ゲームは2回行われる。また1ゲーム中の半分のところでチームメイトはポジションを交代する。キーパーの技術が導入される場合は，2対2のゲームではキーパーとフォワードの組み合わせでプレイすることになる。すべての試合の結果につい

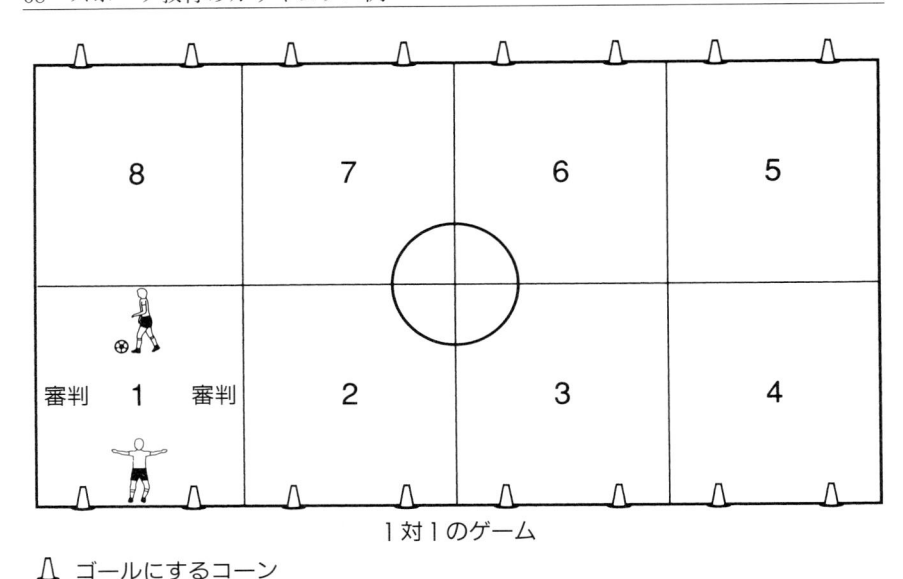

図3.2 ハーフコートを使った1対1のサッカーの試合をするときのコート

て，ゴールシュート数や得点数といった簡単な記録が残される。図3.3はクラス全体で2つの親チームからなる2対2のトーナメントのスコアシートの例を示している。

■ 3対3

次の段階の試合は3対3である。ここでは，「2人のフォワードと1人のディフェンダー」，「1人のキーパー，1人のフォワード，そして1人のディフェンダー」，「2人のフォワードと1人のディフェンダー兼キーパー」というように，さまざまな組み合わせが可能になる。このゲームは，スローイン，ゴールキック，コーナーキックなどの技術を導入するには大変都合がよい。先の段階と同様のチーム練習やゲーム形式が用いられる。すべてのゲームに審判がつき，スコアの記録が残される。室内で行う場合には，体育館は3つのコートに区分され，横幅が広げられる。各コートには6人のプレイヤーの他に，2人の審判と2人のスコアラーが配置される。すべてのゲームは同時に開始し，同時に終了する。

2人制サッカーの試合用スコアシート

　　　　　　　　　　赤　　　　　　　　　　白
　　　親チーム_____　　親チーム_____
　　　チーム①_____　　チーム④_____
　　　チーム②_____　　チーム⑤_____
　　　チーム③_____　　チーム⑥_____

チーム番号が左側にあるチームがキックオフをする。試合が終わったら，負けたチームには×をつけ，勝ったチームを○で囲み，引き分けの時は両方を○で囲む。

　　　　　　コート_____　　　　　　　コート_____

第1ゲーム	① 対 ④ ③が審判 勝ったのは　赤　・　白	② 対 ⑤ ⑥が審判 勝ったのは　赤　・　白
第2ゲーム	④ 対 ② ①が審判 勝ったのは　赤　・　白	③ 対 ⑥ ⑤が審判 勝ったのは　赤　・　白
第3ゲーム	⑤ 対 ③ ②が審判 勝ったのは　赤　・　白	⑥ 対 ① ④が審判 勝ったのは　赤　・　白
第4ゲーム	① 対 ⑤ ③が審判 勝ったのは　赤　・　白	② 対 ⑥ ④が審判 勝ったのは　赤　・　白
第5ゲーム	④ 対 ③ ⑤が審判 勝ったのは　赤　・　白	

悪いスポーツ行為：名前_____　　ゲーム_____
何があったのか：

図3.3　2つの親チームからなる2人制サッカー・トーナメント用のスコアシート

■ミニゲーム

　4対4あるいは5対5のミニサッカー・トーナメントがシーズンのクライマックスのイベントになる。ゲームの時間は，何回かのタイムアウトの時間も含めてより長くなる。屋内でミニサッカーを行う場合は，体育館の全面が使用される。キャプテンは，すべてのメンバーのプレイ時間が等しく確保されるように責任をもって配置する。このゲームは，プレイヤーのコンビネーションやゲームの中でのチームバランスの重要性に気づかせる。全体で3チームになる場合には，1チームを当番チームとし，スコアラーや審判の役割をもたせるようにする。次のゲームでは，そのチームがゲームを行い，他のチームが当番チームの役割を果たす。図3.4は，ミニサッカー・トーナメントゲームのシートである。

5．チームポイントといろいろな賞

　サッカーシーズン全体の試合は，あらかじめ指定されたいくつかの活動に対して各チームが獲得した得点の累積で決定される。各チームの学習行動，授業外の練習，試合での勝利，フェアプレイや協力的態度，記述テストの成績等々の得点が評価される。フェアプレイについていえば，シーズンはじめに25点のフェアプレイ得点が各チームに与えられる。アンフェアプレイが生じるごとに（特に試合中のレッドカードをもらった場合）5点を失う。逆に，以下のような行動には得点が与えられる。
- すべてのチームメンバーが適切な服装を身につけ，しかも統一したチームカラーである場合。
- キャプテンが出席や服装について報告し，ウォームアップを適切に指導した場合。
- チームメンバーのすべてがストレッチングやスキル・ウォームアップを適切に行った場合。
- チームメンバー全員が授業中に一貫して課題に取り組んだ場合（オフタスク行動が見られなかった場合）。

日付_____
学年_____
フィールド_____

審判の位置

```
        サイドライン審判              主審
┌─────────────────────┬─────────────────────┐
│                     │                     │
│ ゴ                  │                   ゴ │
│ ー                  │                   ー │
│ ル                  │                   ル │
│ ラ                  │         ○         ラ │
│ イ                  │                   イ │
│ ン                  │                   ン │
│ 審                  │                   審 │
│ 判                  │                   判 │
│                     │                     │
└─────────────────────┴─────────────────────┘
        サイドライン審判             得点係
```

チーム_____ チーム_____
キャプテン   キャプテン
色   色

得点：   得点：

審判は勝ったチームを○で囲む

反則一口げんかや危険なことをしたり，不正なプレーをしてイエローカードやレッドカードを出されたプレイヤーの名前を書いてください。

1.   1.
2.   2.
3.   3.
4.   4.

図 3.4　親チームからなる 1 チーム 4〜5 人のミニサッカー・トーナメント用スコアシート

- チームメンバーがチームメイトを適切に励ましていた場合。
- チームがフェアプレイや協力的な態度を示していた場合。
- チームメンバー全員が記述テストで基準点を達成した場合。
- チームメンバー全員が休み時間に練習した場合。
- チームがゲームに参加し，ゲームの審判をした場合（参加得点）。
- チームがゲームに勝った場合。
- チームが最初のフェアプレイポイント以上を確保した場合（25点以上）

　これらの他に，あなたが重要だと思うことがあれば，その項目にポイントを与えるべきである。例えば，記述テストでの成績（知識の獲得）が重要だと思うなら，そのことに多くのポイントを与えればよい。また，授業で課題従事を維持することが困難な場合には，この項目に大きなポイントを与えれば，子どもたちは一層真剣に取り組むようになろう。シーズンの終わりには，このようなチームとしてのパフォーマンスに対して賞が与えられる。私たちは，特に次の3つの賞を強調してきた。
- チームワーク賞：シーズン中に最も多くの得点を獲得したチームに与えられる。
- キャプテン賞：キャプテン契約書に示された義務や責任を確実に遂行したすべてのキャプテンに与えられる。
- フェアプレイ賞：一貫して質の高いフェアプレイを示した1名のプレイヤーに与えられる。この1名は，クラス全員の投票によって，キャプテンたちの投票によって，あるいは教師の判断によって選ばれる。

　そのシーズンの中心となるチーム賞は，試合の成功（勝利）だけで決定されるのではないという点に注意を払う必要がある。このポイントシステムは，チームワーク，積極的な参加，時間外の練習，課題従事行動，フェアプレイ等々の重要性について理解させたり，これらの行動を強化したりするために活用される。

6．サッカーに類似する他の種目と関連づけること

　サッカーは，ゴールにボールをシュートすることによって得点が得られる「侵入型ゲーム」である。サッカーの戦術はラクロスやホッケーのようなスポーツときわめて似ている。したがって，ラクロスやフロアーホッケー，あるいはフィールドホッケーを指導する際に，サッカーの経験を生かすことができる。4年生でサッカーを指導し，5年生でフィールドホッケー，6年生でフロアーホッケーあるいはラクロスを指導するというのは，望ましい段階的な進め方である。これらいずれのスポーツでも，ドリブルによってボールが運ばれ，タックリングやシールディングが重要な技術である。また，上手にシュートするためにはセンタリングが大切な戦術になる。

　この章で述べた指導や試合の方法は，これらのどのスポーツにも適用できる。子どもたちは1つの特殊な方法を学習すれば，そこで得た経験を他のスポーツにも容易に一般化させ，応用できるであろう。ただし，ホッケーやラクロスではスティックが用いられるので，安全に関するルールを直接指導し，特にハイスティックや他の危険行動に対しては大きなペナルティを課す必要がある。

第4章

小学校の器械運動

クリス・ベル（リバーサイド小学校）

　本章では，スポーツ教育として実践された小学校の器械運動の授業について述べる。ここで取り上げた適用例は，特に4年生から6年生の児童を対象にしたものであるが，技の種類や難度を変えたり，より多くの責任をもたせることで，それ以上の学年にも適用できる。年長の児童には演技のジャッジのし方を教えることで，児童を審判の役割につかせることもできる。

スポーツ種目と学年段階：器械運動；4年生～6年生
シーズンの構成：10～12回（50分授業）
チームの編成：教師がキャプテンを選出した後，キャプテンがチームを編成し，教師の承認を得る
試合形式：規定演技と自由演技
児童の役割：演技者，補助者，審判，キャプテン，観戦者
記録：判定される演技，技能のチェックシート，筆記テスト，技能のプレテスト
特記事項：規定演技のビデオ，安全に関するルールのビデオ，演技のビデオ撮り，シーズン後のクラス対抗試合，昼休みの特別練習，学習ノート

1．チーム編成とキャプテンの選出

　器械運動の授業でチームが成功するかどうかは，キャプテンの選出方法で決まる。したがって，責任感があり，他人と協調でき，しかも器械運動の技能の高い児童をキャプテンに選ぶとよい。キャプテンの選出方法の1つに，子どもたちから立候補者を募り，なぜ自分がキャプテンに向いているのかの理由書を提出させるとよい。なお，各チームから2名のキャプテンを選出させる。その際，2人に等しい義務を負わせることもあれば，1人をキャプテンとし，他の1人を副キャプテンにすることもできる。

　キャプテンが選出されたら，チーム編成のし方について，彼らと話し合いをもつ。その際には，技能レベル，男女の割合，問題になりそうな児童の配置等に配慮する。なお，チーム編成に最もよい方法は，20～30人のクラスであれば，キャプテンにクラス全体を3チームに分けさせ，その後で，教師が公平なチーム編成ができているかどうかを確認し，くじによってキャプテンを各チームに割り振るようにすることである。キャプテンは自分がどのチームに所属するかわからないので，均等なチームになるよう注意深くチーム分けをすることであろう。教師にもキャプテンにもクラスの技能レベルがわからない場合には，チーム編成を円滑に進めるためのプレテストを短時間で実施するとよい。

　キャプテンとメンバーが決まると，まず最初にキャプテンの義務について確認させ，図4.1に示したような「キャプテン契約書（参加契約書）」にキャプテンとチームメンバー全員にサインさせる。また，チームの名前も決めさせる。なお，キャプテンが欠席した場合，もう1人のキャプテンが，教師の承認を得て，メンバーの1人を代理キャプテンに指名する。

76　スポーツ教育のカリキュラム例

キャプテン契約書

　　　　　チーム名_____　スポーツ種目_____
　　　　　学年_____　クラス担任_____
キャプテンは以下の項目について，模範を示すことによってチームを導く。

守るべき項目

1．正しいスポーツ行動。
2．フェアプレイ：ゲームのルールあるいは約束事を十分に理解し，これにしたがってプレイ（あるいは行動）する。
3．協力：チームの決定は民主的に行う。
4．努力：チームの模範的なプレイヤーとして，またリーダーとして全力で練習や活動に取り組む。ゲームに勝つことだけにこだわるのではなく，精一杯頑張って競技したかどうかを重視し，これを賞賛する。
5．尊敬：チームメイト，他のクラスメイト，審判，教師を尊敬し，器械・器具を大切に扱う。
6．積極的な態度：失敗を恐れずに挑戦し，他のメンバーを励ましながら積極的に活動する。
7．責任：メンバー票を提出し，責任をもって下記の仕事を行う。

仕事

1．チームの準備運動を行い，出席の報告をする。
2．活動を始める前に，チームのメンバー全員に，一緒に活動するパートナーや小グループがそろっているかどうか確認させる。
3．支援を必要とするチームメンバーには肯定的な方法で手助けする。
4．器械・器具が安全かつ適切に設置され，使用されているかどうか確認する。
5．安全の確保は最も重要なことである。規則違反や危険な状況が生じればすぐに教師に報告する。
6．メンバー票等を遅れずに提出する。

キャプテンの署名_____　　_____
私たちチームのメンバーは，規則やキャプテンに従って協力的に活動します。

　　　　　_____　　_____
　　　　　_____　　_____
　　　　　_____　　_____
　　　　　_____　　_____

図4.1　一般的責任と具体的な仕事からなるキャプテン契約書

2．授業の進め方と指導

　最初の授業で，授業のマネジメントに関わる約束事と，安全のルールを確認する。マネジメントや移動についての約束事は時間を節約するのに役立ち，多くの時間を指導や練習に使うことができる。安全のルールをしっかり守らせることは，器械運動の授業では特に重要である。授業に参加するときの約束事は，「体育のできる服装で体育館に来れば，靴と靴下を脱ぎ，貴重品を靴の中に入れ，チームのマット上の自分の場所で待機する」ことである（ホームマットと呼ばれる各チームのマットの場所を決めておく）。

　メンバーがホームマットに集合した後，キャプテンは出席をとり，すぐに準備運動を開始する。この準備運動は身体的にも心理的にも授業に参加する状態を生み出すうえで重要である。なお，準備運動の約束行動として合図を録音したテープ（または音楽に合図を録音したもの）を用いてもよい。テープを用いることで，教師は児童を援助したり，フィードバックを与えやすくなる。安全のルールは，いつも授業のはじめに確認しておかなければならない。授業の終わりには，クールダウンを行ってから落ち着いた雰囲気で授業を振り返らせる。

　シーズン初期には，規定演技の競技会で用いられる技の学習が行われる。この規定演技で用いられる技は，子どもたちの共通目標になる。もちろん，男子用と女子用の器械運動の技が準備される。なお，ここで紹介する内容は，幼稚園から小学校3年生までの授業で実際に試みた経験をもとにしている。具体的には，身体を前後に揺り動かすこと/回転すること，静的/動的なバランス，着地時のショックを和らげること，ぶら下がる/振る/登る，身体のフォーム，移動の技術/非移動の技術，身体のいろいろな部分の重心移動といったものである。3年生段階になってはじめて器械運動の基礎的技術が指導される。

3．児童の役割

　児童は器械運動の演技者や補助者，観戦者になることを学習する。その中の何人かはキャプテンの役割を経験する。なお，器械運動の演技のジャッジのし方については全員が学習するが，教師が競技会で審判を務めることを妨げるものではない。

　キャプテンは，授業の開始時に出欠と服装を教師に報告する義務を負うとともに，毎時間準備運動を行わせ，練習時にはリーダーの役割を務める。競技会の出場者を決めたり，スキルチェックリストの記入にも責任をもつ。また，キャプテンはチームの中でメンバーの模範とならなければならない。くわえて，チームを指導したり，励ましたりするとともに，演技を見せたり，練習でのインフォーマルな審判として活動する。

　すべての児童が補助のし方を学習する。そこでは，演技のし方や補助のし方に関連した安全上の問題についての学習も含まれる。なお，補助のし方を教えることは，チームメイトを援助することの大切さを教えるだけではなく，技についての正確なフィードバックを与えることの重要さを教える絶好の機会となる。

　器械運動の観戦者は，演技の質を正しく評価し，それを賞賛することを学習すべきである。観戦者は自分のチームに声援を送ってもよいが，他のチームの選手に不快な言葉を投げかけるようなことがあってはならない。

4．競技会

　器械運動のシーズンでは，2つの競技会が行われる。1つは規定演技の競技会であり，もう1つは自由演技の競技会である。前者は全員が同じ演技を実施する。後者では，いくつかの技の中から児童が選択し，自らの演技を創造する。ここで紹介したモデルでは，規定演技は床運動で行われる。また，自由演

技ではタンブリング（マットでの回転運動），平均台，平行棒の中から児童が選択できるようになっている。

■規定演技の競技会

　ここでは，床運動が規定演技に用いられるが，もちろん，他の種目を適用することもできる。まず床運動の1つの規定演技が紹介されると，キャプテンがホームマットで模範演技をする。その際，いくつかの技がよいフォームで演技された時点で，個々の技の適切な技術について説明が加えられる。加えて，自由演技ではなく規定演技であるから，説明された通りに技を演技することが強調される。なお，技や補助のし方を理解させるために，適当な場面でビデオテープが活用される。ビデオテープは欠席した児童に演技を見せたり，特に補助が必要な者のために活用される。また，個々の児童が練習のために利用することもできる。導入段階では，全体の技能レベルに差がみられるので，規定演技の競技会は少なくとも難度の異なる2つの技能レベルで構成した方がよい。ここではそれを「緑」と「青」の演技と呼んでいる。図4.2は規定演技の構成例を示している。

　技が紹介された後に，器械運動の望ましいマナーやジャッジの方法が示される（図4.3参照）。チーム練習が始まると，子どもたちはパートナーとともにチェックリスト（図4.4参照）を活用して，自分たちの進歩を確認する。最終的に，各児童は教師の承認を前提として，チェックリストで確認した自分たちの技能レベルに応じて競技会に出場することになる。なお，キャプテンは2つの競技会へのメンバーの振り分けや演技の順番の決定にも責任をもつ。

　規定演技の内容が示されたら，個々の技や段階的な練習のし方が指導され，それに続いて演技の集中的な練習が行われる。チームのメンバーはチェックリストを用いながらペアで練習を行う。その際，1人が練習していると，他の1人はコーチや審判，また必要に応じて補助を務める。段階的に技が提示され，練習が行われていく。児童がより上の段階へ進むためには，チェック表に「＋」の評価をもらわなければならない。また，肥満児，筋力に問題のある児童，あるいは疾病を抱えている児童用の技も紹介される。私自身は，各技の技術ポスターを利用している。そのポスターには，その技の安全に関するルー

器械運動における規定演技の構成内容についてのパートナー・チェックリスト

氏名＿＿＿＿＿＿＿＿＿＿　　担任教師＿＿＿＿＿＿＿＿＿＿

チェックの方法
- －　補助にかなり頼らなければならない。落下，または演技の中で大きな/中程度の失敗。
- ＋　技はできるが，若干フォームに問題がある。
- ○　完璧な演技

チェックするパートナーは記号の横に自分のイニシャルを書く。
技能が向上した場合に簡単に修正できるように，チェックは鉛筆で行うこと。

青の演技内容		緑の演技内容	
1．審判に礼をする		1．審判に礼をする	
2．背筋を伸ばして真っ直ぐに立つ		2．背筋を伸ばして真っ直ぐに立つ	
3．前に進んでランジ（3秒間静止）　　　　　　（図4.5参照）		3．前に進んでランジ（3秒間静止）　　　　　　（図4.5参照）	
4．前転して立つ		4．側方倒立回転からランジへ	
A．傾斜のあるマットで			
B．平らなマットで			
5．三点バランス（3秒間静止）足を下げて直立にもどる		5．頭倒立（3秒間静止）足を下ろして直立にもどる	
6．シャッセ（急速なすり足）		6．シャッセ（急速なすり足）	
7．半回転のターン		7．半回転のターン	
8．開脚後転		8．後転して立つ	
A．傾斜のあるマットで			
B．平らなマットで			
9．その場で真っ直ぐにジャンプ		9．ジャンプして半回転のターン	
10．片膝をついたランジ（3秒間静止）		10．片膝をついたランジ（3秒間静止）	
11．真っ直ぐに立つ		11．真っ直ぐに立つ	
12．審判に礼をする		12．審判に礼をする	

図4.2　パートナー同士で評価するためのチェックリスト（難度が異なる2つの規定演技）

規定演技の判定基準

1. 完全な演技を行った場合の得点を10点とする。判定は減点法で行う。したがって，各演技者は演技の開始に先立って，持ち点10点をもつことになる。
2. フォーム上の失敗，正確でない姿勢，身体の揺れ等があれば個々に減点される。
3. 減点の基準は次のようである。
   1) わずかな失敗は0.1〜0.2点の減点。
      例えば，つま先が伸びていない場合，余分なステップやホップがある場合，決められた時間の静止姿勢がとれない場合，着地時に余分なステップがある場合，余分な間（ま）や停止がある場合等。
   2) 中程度の失敗は0.3〜0.4点の減点。
      例えば，バランスを崩して片手や両手がマットに軽く触れる場合，真っ直ぐ伸ばさなければならないのに脚や身体が曲がっている場合，キャプテンやチームメイトが演技者に合図を送った場合，ターンが不正確な場合，ジャンプが低い場合等。
   3) 大きなミスや決定的なミスは0.5点の減点。
      例えば，膝やお尻をついて転んだ場合，片手や両手で身体を支えたり床についた場合，演技者が転ぶのを防ぐために補助者がふれた場合，キャプテンまたはチームメイトが演技者に話しかけた場合等。
   4) 規定演技で決められた技を1つ行わなかったり，演技内容を忘れてしまった場合は1点減点。

図4.3　規定演技の判定基準

ル，技のポイント，段階的な練習のし方，補助のし方が示される。キャプテンやチームにとって，ポスターはチーム練習の際の拠り所となる（図4.5参照）。

規定演技の学習を深め，技能を洗練させるために，授業時間は連続した時間枠を用いる。キャプテンはチェックリストの配布・回収を行い，問題が生じたらメンバーを手助けしなければならない。練習が進むにつれて技は連続して行われ，演技の予行演習に焦点があてられていく。規定演技の競技会が近づくと，キャプテンは模擬演技の審判を務め，チームのメンバーにフィードバックを与えたり，励ましたりする。キャプテンは競技会に出場する選手を決定し，教師に報告しなければならない。そして，キャプテンが最初に演技を行う。キャプテンはくじ引きかコイントスによって，どのチームが最初に演技を行うかを決める。

1チームが続けて演技を行うが，その際，2人のキャプテンが最初に演技を

床運動の規定演技のパートナー・チェックリスト

児童の名前：　　ラリー　L.　　　　　　クラス：　5年1組　　
パートナー：　　ジャック　Y.　　　　　　チーム：ツイスターズ　

チェックの方法
＋　よいパフォーマンス，補助の必要なし。
レ　少しあるいはかなりのフォームの修正が必要。
－　大幅なフォームの修正が必要。補助に頼らなければならない。

青の演技内容	記号	緑の演技内容	記号
1. 審判に礼をする。 　　前に進んでランジ，腕を上げて3秒間静止。	＋ ＋	1. 審判に礼をする。 　　前に進んでランジ，腕を上げて3秒間静止。	＋ ＋
2. 平らなマットで前転して立って腕を上げる。	＋	2. 平らなマットで前転して立って腕を上げる。	レ
3. 三点バランスで3秒間静止して立つ。	＋	3. 頭倒立で3秒間静止して立つ。	レ
4. シャッセして腕を横へ。	＋	4. シャッセして腕を横へ。	＋
5. 半回転のターン，腕を上げる。	＋	5. 半回転のターン，腕を上げる。	＋
6. 傾斜のあるマットで後転し，立って腕を上げる。	＋	6. 後転して立ち，腕を上げる。	＋
7. その場で真っ直ぐジャンプしてピタリと着地する。	レ	7. ジャンプして半回転のターンをし，ピタリと着地する。	＋
8. 片膝をついたランジ。腕を上げ，3秒間静止。	＋	8. 背筋を伸ばして立ち，腕を上げて，3秒間静止。	レ
9. 背筋を伸ばして立ち，腕を上げる。 マットから出る前に審判に礼をする。	＋	9. 背筋を伸ばして立ち，腕を上げる。 マットから出る前に審判に礼をする。	＋

図4.4　パートナー・チェックリストの記入例

ランジ
3秒間静止

胸と頭を高く　　　　　　　　　　　腕は自然に

ひざを曲げて　　　　　　　　　後ろ脚はまっすぐに伸ばす

図4.5　このようなポスターで技の重要なポイントを示す

行う。演技が終了すると，1人のキャプテンはチームのメンバーが演技している間，コーチや補助の役割を引き受ける。もう1人のキャプテンは順番を待っている他の選手に，ウォームアップ等の準備を行わせる。その間，他のチームメンバーは観戦者になる。あるいは，キャプテンの指揮のもとに別の場所で練習を行ってもよい。

どの選手の演技もジャッジされるが（図4.6参照），その際，演技をビデオに録画することは極めて有益である。そうすることで，教師は授業時間外に演技をジャッジでき，児童も自分の演技を反省することができる。また，児童が演技しているときに，安全確認のために体育館全体に目を配ることも可能になる。1つのチームが演技を終えたら，次のチームが交替して演技の場にやってくる。なお，競技の得点のつけ方には2種類ある。1つは，同一レベル内だけ

で得点を算出し，同一レベル内で賞を与える方法である。他の1つは，チーム全体の総計を算出する方法である。チームの合計点は，演技を行ったすべての児童の得点を集計することで算出される。

▰自由演技の競技会

　規定演技が終了した後の最初の授業から，自由演技の学習が行われる。その際，規定演技と同様の指導や練習が行われる。施設や用具の条件さえ許せば，学校区の学習指導要領に示されているような多くの種目を自由演技に取り入れることができる。教師がこれらの種目に精通していればいるほど，自由演技の指導は効果的に行われる。なお，ここで紹介した授業には，タンブリング，平均台，平行棒が含まれている。

　また，それぞれの種目には技の発展段階があり，児童は自分の演技をつくるために，技を選択しなければならない（図4.7参照）。これらの技はワークシートで示され，同時にこのワークシートは審判の採点基準表としても活用される。例えば，平均台のワークシートと採点基準には，最初のバランス，前方への移動，ターン，静止バランス，側方への移動，下りといった技が含まれている。したがって，チームのメンバーは演技をつくるために，ワークシートに示された個々のカテゴリー内の技を選択し，自由演技を構成する。もっとも児童が選択できる技は，チェックリスト・システムで習得したことが確認されたものに限られる。

　その後の授業において，児童が自由演技をつくる。その際，チームはメンバーの誰がそれぞれの種目の自由演技の競技会に出場できるようになっているか，確かめておかねばならない。また，児童は自分の演技内容を，自分用にまた教師用に記載しておく。これらの活動のために，体育館はいくつかの種目が練習できるような場が設定される。個々のチームはそれらの場をローテーションしながら移動する。チームがある種目の練習場所に割りあてられたら，その種目を選んだメンバーがそこで練習し，その間，他のメンバーが審判やコーチ役に回る。

　自由演技の競技会は規定演技と同様の形式で行われる。主な違いは自由演技の競技会はチーム単位ではなく種目単位で進められるということである。したがって，キャプテンはメンバーの誰がどの種目に出るのか，把握しておく責任

がある。例えば，平均台の競技が実施される際には，各チームから平均台に出場する選手たちが集合するという具合である。そしてその後に，鉄棒，タンブリングの演技というように各競技が進められる。なお，得点は規定演技の競技会と同様である。

　このような自由演技の競技会は，シーズンを盛り上げる最終的なイベントになる。私の場合は，クラス対抗の競技会をシーズン終了直後の昼休みに実施してきた。ちなみに，私はときどき授業の最後の時間に，器械運動的障害競争を行ったりしてきた。そこでは時間ではなく，パフォーマンスによって勝者を決定する。コースの各パートには挑戦的な課題が設定される。キャプテンは自分のチームをコースの各パートへ連れていく。例えば，3本の平均台がN字型に置かれ，各平均台上で異なる方向に安全に移動するという課題が児童に与えられる。平均台から落ちることなく課題を達成すれば20点，1回落ちれば10点，2回落ちて終了すれば5点となる。

規定演技判定表

名前：　ジェイムズ　S.　　　　　　　　　　クラス：　5年1組

最初の得点＝10.00

技能	得点	減点	
1. ランジ（3秒間静止）	1.0	0.1	腕が高い
2. 前転	1.0	0.2	頭を下に向けたまま
3. 頭倒立（3秒間静止）	1.0	0.2	バランス，3秒間維持
4. シャッセ	1.0	―	
5. 半回転ターン	1.0	―	
6. 後転	1.0	0.2	腕をもっと速く伸ばして押す
7. ジャンプして半回転ターン	1.0	0.1	高さ
8. 片膝をついたランジ（3秒間静止）	1.0	―	
9. エチケット	1.0	0.2	
10. 演技を覚えている	1.0	―	

総減点数＝1.0
最終得点＝9.0

意見：素晴らしい規定演技でした。1つの技から別の技へのつなぎが流れるように行われ，よい演技でした。

図4.6　規定演技に用いられる判定表

86　スポーツ教育のカリキュラム例

自由演技の平均台の判定表

名前：＿＿＿＿＿＿＿＿＿＿＿＿＿＿　　チーム：＿＿＿＿＿＿＿＿＿＿＿＿＿＿
クラス：＿＿＿＿＿＿＿＿＿＿＿＿＿＿
はじめの得点＝10.00

技の順序	得　点	減　点
1．審判に礼をする		
2．はじめのバランス＿＿＿＿＿＿＿＿	1.0	
前方への移動＿＿＿＿＿＿＿＿＿	1.0	
ターン＿＿＿＿＿＿＿＿＿＿＿＿	1.0	
静的バランス＿＿＿＿＿＿＿＿＿	1.0	
前方または側方への移動＿＿＿＿	1.0	
ジャンプまたは跳んで移動＿＿＿	1.0	
選んだ技＿＿＿＿＿＿＿＿＿＿＿	1.0	
下りる＿＿＿＿＿＿＿＿＿＿＿＿	1.0	
エチケット	1.0	
演技の全体像/覚えているか	1.0	

意見　　　　　　　　　　　　　　　　　　　総減点数＝
　　　　　　　　　　　　　　　　　　　　　最終得点＝

図4.7　平均台の自由演技に用いられる判定表

5．チームポイントといろいろな賞

　児童に習得させたい行動やパフォーマンスのすべてをポイントシステムに組み込むべきである。私はチームポイントにもとづいて，チームワーク賞を与えるようにしている。チームポイントは，適切な服装を身につけること，キャプテンが準備運動を指揮し，適切に出欠を報告すること，すべてのチームメンバーが授業の課題に従事すること，素速くパートナーを見つけること，お互いに励ますこと，公正に競技し練習すること等に与えられる（図4.8参照）。

小学校の器械運動　87

　ポイントは競技会への参加や，そこでのパフォーマンスに対しても与えられる。演技される各々の演技課題ごとに1点，最高10点まで得ることができる。1つの種目の各レベルで1位は5点，2位は4点，3位は3点，4・5位は2

```
        器械運動
      チームワーク賞


  キャプテンの名前＿＿＿＿＿＿＿＿＿＿
  メンバーの名前＿＿＿＿＿＿＿＿＿＿＿
  ＿＿＿＿＿＿＿＿＿＿＿＿＿＿＿＿＿＿
  ＿＿＿＿＿＿＿＿＿＿＿＿＿＿＿＿＿＿

      ＿＿Mrs. Bell＿＿
      リバーサイド小学校　体育科
             1993年2月
```

図4.8　チームワークを発揮したら得られるポイントで、最高点を獲得したチームに授与されるチームワーク賞

点，そして6位から8位までは1点が得られる。私は，演技の準備を終え，フェアプレイの精神にもとづいて演技を観戦しているチームに対しても1点から10点の範囲で点数を与えている。また，競技会の終わりに競技に関わる賞も与えている。最もよく使うのは，競技での得点と順位を示した紙製のリボンや賞状である。賞は参加したすべての児童に与えられる。もし参加者が8人を超える場合には，入賞できなかった児童にも参加賞が与えられる。

　キャプテンが契約書に記載された責任を十分に果たしたときには，キャプテン賞が授与される。さらに私は，他の児童や演技に対して最もよい態度を示した児童をクラス全体の投票で選び，フェアプレイ賞を与えるようにしている。

6．器械運動に関連した他の種目を取り入れること

　施設や用具がないからといって，器械運動のスポーツ教育をあきらめることはない。例えマット1枚でも，タンブリングや床運動の単元を実施することができる。

　器械運動に代わるもので，最もエキサイティングで挑戦的な運動は，アクロバット・スポーツである。これは集団での組体操と床運動を組み合わせたものである。スポーツ教育モデルは，アクロバット・スポーツにとって理想的なモデルである。演技する人数は，1人で，ペアで，3人で，またチームでというようにさまざまである。チームで創作した組体操の発表会は，最高に盛り上がるイベントとなる。この場合，1人，2人組，小グループの組体操が，チーム全体の組体操を創作するために活用される。しかも，これらの演技を写真に撮って，体育館，廊下，また教室に貼り出すこともできる。地方の新聞であれば，このような写真を提供すれば，喜んで掲載してくれる。それはまた，好ましいスポーツ教育のイメージを生み出すことにもなる。

　新体操もまた，特別な器具を必要としない活動である。リボン，ボール，こん棒，輪，ロープが規定演技や子どもが創作した自由演技に用いられる。新体操は，用具の操作技能と床運動を組み合わせた素晴らしい運動である。新体操を実施する上で必要となる器具はマットだけである。

7．その他の選択肢

　ここで紹介したシーズンは，主に体育の授業時間の枠内で行われることを前提としている。しかし，シーズンの時間を拡大したり，その内容を充実させようとすれば，授業時間以外の活動を利用することもできる。地方の事情にもよるが，授業開始前や昼休み，放課後の時間も，チーム練習や競技会に活用できる。また筆記テストは，「宿題試験」形式にして，全員合格すればチーム得点が取れるようにすることもできる。自由演技の内容を構成したり，記入したりするような活動は，ホームルームの時間でも行うことができる。

　スポーツ教育としての器械運動は，児童に多くの経験を積ませるにつれて，競技レベルをより難しくしたり，より広範な能力をもつ児童に対応させることもできよう。これによって児童の能力はさらに高まっていく。競技のジャッジのし方を学ばせることもできるし，そうすることによって児童の演技をより洗練させ，役立たせることができよう。発展すれば，アメリカ合衆国の体操競技のジュニアオリンピック用の規定演技を授業で行うことさえできるようになる。

8．スポーツの危険性に対する指導

　教師は児童の安全に責任があり，他人に転嫁することはできない。学習指導要領に示された安全な運動だけを教えるべきである。児童の発達段階や先行経験を踏まえて，適切な技が選ばれ，学習されなければならない。また，児童が性急に難しい技に取り組むことがないよう配慮しなければならない。そのために，技は段階的に配列されなければならない。安全に関するルールが教えられるべきであり，授業では常に安全に留意する必要がある。

　安全のための手順は最も重要である。それらは常に指導され，確認され，さらにポスター等で強化される必要がある。教師は単元に先だって，適切な服

装，安全に関するルール，イベント，児童が使う用具等を記載した「スポーツ教育便り」を各家庭に送り，親に周知させる必要がある。また親に対して，事前に子どもと安全について話し合ったり，安全に配慮して参加するよう注意してもらうとよい。子どもが授業に参加する前に，親に同意書を提出してもらうことが必要な場合もある。

　なお，アメリカ体操連盟は安全教育に関連した最適の教育組織である。体操連盟は安全に関する証明書やポスター，出版物，ビデオテープ，研修会等を提供しているので，参考にするとよい。

第 5 章

小学校カリキュラムにおけるスポーツ教育

ジェイン・ダーネル（オールド・ソウミル小学校）

　この章では，小学校段階の全体的なカリキュラムモデルとして，スポーツ教育をどのように実施できるのかについて述べる。特に，スポーツ種目の選択，授業クラスの組織化の手続き，計画，そして子どもとの共同作業のストラテジーに焦点をあてて述べることにしたい。ここで紹介するのは，郊外にある5学年制の小学校で，原則的に4日に1回50分の体育授業が行われている。第2学年までのプログラムの中心はムーブメント教育であり，基礎的運動技能の習得にねらいが置かれている。

スポーツ種目と学年段階：サッカー，バレーボール，バスケットボール，器械運動，陸上運動；高学年

シーズンの構成：フィットネスの単元と，それに続く5つのスポーツ教育のシーズン

チームの編成：クラスごとに3チーム；チームを1年間継続

試合形式：修正されたゲーム，トーナメント，大会

児童の役割：プレイヤー，キャプテン，審判，得点係，審査員

記録：個人とチームのパフォーマンス，運営や授業への参加についてのポイントシステム

特記事項：総合スポーツ賞，その他のさまざまな賞，学習ノート，ビデオ撮影，話し合いの内容

1．カリキュラム構成とスポーツ種目の選択

　年度はじめの活動はフィットネスの単元である。そこではオールラウンドな体力つくりがめざされる。同時にこの単元において，長い休暇の後，学校に戻って来た子どもたちのこれまでの様子を思い出したり，新たに入学してきた子どもの技能レベルを知ることができる。年間の残りの期間は，5つのスポーツ教育シーズンに区分される。あなたの小学校で体育の評定が求められるなら，シーズンの終了期と評定期を一致させると能率的である。この5つのシーズンで，スポーツ教育の諸目標を達成するのに十分な授業回数が確保できる。授業時数がもっと多い学校ならば，シーズンの長さをそのままにして，年間にさらに多くのスポーツ種目を設定することができるだろう。

　スポーツ種目は，学校区の学習指導要領に示された学年目標を満たすように選択されるべきである。私は，サッカー，バスケットボール，バレーボール，陸上運動，そして器械運動を教材に選択している。表5.1は，子どもたちに行き届いたスポーツ教育を提供するために，その種目を選択した理由や利点について述べている。

　これら5つのスポーツ種目は第3学年から第5学年の各学年において，毎年繰り返される。場合によっては，毎年違ったスポーツ種目を取り扱うことができる。あるいは2学年枠で種目のローテーションを行ったり，小学校の最終学年では異なったスポーツ種目を組み合わせることもできる。しかし，同じスポーツ種目を繰り返すことによって，実質的な能力向上を図ることができる。器械運動における各シーズンの中心は平均台や床運動といった体操競技の公式種目からアクロバット・スポーツ（p.88参照）に変化させることができる。陸上運動でも，そこには多くの活動が含まれているので，シーズンごとにその焦点を移していくことができる。

表 5.1　小学校カリキュラムに選択されたスポーツ種目の長所

サッカー

- 足で対象物を操作することが強調できる。
- フィールドホッケー，フットボール，ラクロス，スピードボールといった「侵入型ゲーム」に共通する戦術やルールが利用できる。
- 用具をほとんど必要としない。
- 多様な身体活動を含んでいる。
- レクリエーションスポーツとしての利用度が高まっている。
- 室内でも屋外でもプレイできる。
- 主要な国際的スポーツとなっている。

バスケットボール

- 手で対象物を操作することが強調できる。
- ハンドボールのような「侵入型ゲーム」に共通する戦術やルールが利用できる。
- レクリエーションの場で広く楽しまれている。
- アメリカで創出されたスポーツである。
- バックボードとボール以外にほとんど用具を必要としない。

バレーボール

- 手と腕で打つ技能が強調できる。
- テニスやバドミントンといった「分離型ゲーム」に共通する戦術やルールが利用できる。
- レクリエーションの場で広く楽しまれている。
- アメリカで創出されたスポーツである。
- ほとんど用具を必要としない。
- 室内でも屋外でもプレイできる。

陸上運動
・広範な技能や面白さが提供できる。 ・多様な体格の子どもに適している。 ・走る，跳ぶ，投げるといった，広く子どもに楽しまれている技能を用いる。 ・他者との競争の他に，一定の基準やこれまでのベスト記録への挑戦も可能である。 ・筋力や持久力の向上に貢献する。 ・主要な国際的スポーツになっている。
器械運動
・身体全体を使ったり，逆さまになることが強調できる。 ・多くの技能に関わって上半身の強さが要求される。 ・高度な美的要素をともなった表現的スポーツである。 ・他者との競争に加えて，一定の基準への挑戦も可能である。 ・主要な国際的スポーツになっている。

2．チーム編成とキャプテンの選出

　最初のフィットネスの単元において，私はすべての子どもを観察し，クラスを3つのチームに分け始める。プログラムで展開されるすべてのスポーツ種目を考慮し，その年度を通して互角の競争ができるようなチーム編成に努める。またチームは，子どものリーダーシップ技能の観点からもバランスのとれたものにすべきである。チームは，クラス構成の許容する範囲で，男女の数が等しくなるようにした方がよい。同じチームになった場合に問題が出そうな子どもがいる場合には，彼らを別のチームに分けるようにしている。また，チーム編

成に際して，アドバイスしてくれる子どもに相談することもある。

　それとは別に，高い技能をもち，責任感のある子どもたちを選出して，自分たちを除いて同等な能力となるような3つのチームに分けさせる方法もある。そして，これらの子どもがどのチームに所属すべきかをくじ引きで決めることができる。そこでは，話し合いが内密のものであり，他のクラスメイトと相談すべきではないことを理解させておくことが大切である。

　チームメンバーは，やむをえない場合を除いて，変えるべきではない。チームのメンバー間の関係には必然的に何らかの葛藤や問題が生じるであろうが，このような葛藤を通して子どもたち自身が学習することによって，また問題解決に向けて教師が援助していくことによって，彼らの人格的発達が促進される。

　それぞれのチームは，シーズンごとに2人のキャプテンを選出する。キャプテンには果たさなければならない役割が多いので，たいていキャプテンと副キャプテンの2人が必要である。副キャプテンはキャプテンが欠席したり，練習や試合のためにチームが2箇所に分かれるような場合には，キャプテンの役割を引き継ぐ。また，キャプテンは，教師が不在で，代わりの教師が指導するといった場合にも重要な役割を果たすことになる。

　チームのメンバーはシーズンごとにキャプテンを選ぶが，その際，すべてのメンバーがキャプテンを経験するまでは同じ者がキャプテン役を繰り返してはいけないという約束のもとに選出する。本書にはキャプテンを選ぶための多くの方法が示されている。キャプテンの責任は重く，そのことはすべての子どもに真剣に受けとめられるべきである。はじめてキャプテンになる場合には，たいてい指導や援助が必要である。非常に引っ込み思案の子どもがいるし，かなり強引な子どももいる。教師は，彼らが適切なリーダーシップ技能を身につけられるように支援すべきである。

3．チーム活動の進め方と指導

　チームとキャプテンが，1年の全期間にわたる体育プログラムの基礎を形づくる。しかしながら，スポーツ教育の目標に向ってできるだけ多くの時間を費

やすことができるように，教師が授業マネジメントに関わった「約束行動」について指導し，強化していくことが重要である。私は，年間を通して利用できる授業マネジメントの約束行動を学年はじめのフィットネス単元の中で教えるようにしている。体育館に入るとき，活動場面を転換するとき，用具の出し入れをするとき等々に関った約束事を教え，練習させるのである。これらの約束事を教え，強化することを通して子どもたちは，①体育は学習のための時間であること，②時間は限られていて，無駄にすべきではないこと，③課題に従事することが重要であること等を学んでいく。学習行動についての約束事も，フィットネス単元の間に教えている。

　子どもたちは年間を通してチームに所属する。これによってチーム・スピリットやチームの凝集性が強まる。チーム編成がなされたあと，最初にチームが行うべきことはチームの名前，チームの色，そして最初のスポーツシーズンのキャプテンを選ぶことである。キャプテンはスポーツシーズンごとに新たに選ばれるので，最終的にはすべての子どもが1年間どこかのシーズンでキャプテンになる。私は最初のスポーツシーズンの早い時期にチームの写真を撮り，掲示板に貼り出すようにしている。また，その写真の焼き増しを安い値段で子どもたちに販売し，その売り上げの一部を賞品の購入にあてるようにしている。

　チームにはスポーツシーズンごとに「ホームエリア」が与えられる。子どもたちは体育館に入り，その場所に行って最初の活動を始める。器械運動のシーズンであればマットの敷かれた場所であり，サッカーのシーズンでは自分たちのフィールド，バスケットボールのシーズンでは，チームごとのバスケットゴールとなる。準備運動や初歩的な技能練習はそれぞれのチームごとに，そのホームエリアで行われる。

　スポーツ教育の各シーズンは同様の方法で展開される。技術と戦術が紹介され，練習されるが，その際，チームは共同で学習し，キャプテンがリーダーの役割を果たす。器械運動の練習試合や，サッカーの練習ゲームといった，ある種の練習的競技会が，正式試合に先立って行われる。正式の試合が近づくと，各チームは自分たちの戦術を洗練させ，試合に備える。少人数のミニゲームが適用されるため，各チームはたいてい全体のメンバーの中からミニチームを構成しなければならない。試合が進んで行くと，授業時間のより多くが試合に費

やされるようになり，練習時間は徐々に短くなっていく。

　私は，それぞれのスポーツシーズンで用いる学習ノートを作成してきた。学習ノートの作成には時間を要するが，一度作成してしまえば大変有効な補助教材となる。学習ノートにはスポーツのルールに加えて，その技術的・戦術的な情報が盛り込まれている。またそのノートには，例えば，器械運動で子どもが自由演技の構成内容を考えるといった課題を完成させるためのスペースも含まれている。子どもたちは授業中にこのノートを用いて学習する。彼らはノートを大切に扱い，提出時にはすみやかに返却しなければならない。そのように行うことが総合スポーツ賞に向けてのチームワーク・ポイントの獲得に反映される。学習ノートには次のような項目が示されている。

- 技術に関する情報や写真・図
- 攻撃や守備の戦術に関する情報や図
- 試合登録の様式
- 技術練習の様式（チェックシート）
- そのスポーツシーズンの全体にわたるポイントシステムの細目
- フェアプレイについての確認事項（すべきことと，してはならないこと）
- スポーツシーズンに関連した授業外の課題や宿題の内容

　私は，常に各シーズン中に予備日を1日設けるように計画している。天候や予測できない出来事によってシーズン中の計画に変更が生じた場合，その予備日によって遅れを取り戻すことができる。子どもたちはスポーツシーズンに熱中し，そこでのスポーツを最後までプレイしたいと願うため，そのような配慮が重要なのである。スケジュールが計画通りに進めば，その予備日は新しいゲームやグループでのイニシアチブ・ゲームなどに利用される。この際，そのシーズンで総合スポーツ賞に向けて最高得点を獲得しているチームが，そこでの活動を選択する。

4．児童の役割

　スポーツ教育カリキュラムの中で子どもが学んだり，練習したりする役割は，プレイヤー，キャプテン，審判，得点係，審査員等である。すべてのスポーツ教育モデルにおいて，特にキャプテンがスポーツシーズンの成否を決定する鍵になる。キャプテンはチームに手本を示し，フェアプレイを率先して行い，安全に関するルールを遵守し，望ましい行動で課題に取り組まなければならない。各スポーツシーズンの最初の段階では，指導や練習に関わって手助けする責任を果たす。また，シーズンを通して自分たちのチームを組織し，プレイヤーの組み合わせについての意思決定を行い，チームを管理する。さらに，出席のチェック，不適切な服装や遅刻者の報告，用具準備の手助け，試合の割り振り表の提出といった管理的な役割も担う。私は，彼らにキャプテンの責任を説明した後に，契約書にサインさせている。契約が完全に履行された場合には，そのシーズンの終わりに特別な賞を与えている。キャプテン契約書の例はp.64とp.76に示されている。

　私は，スポーツ教育を実施する方法として，3チームで活動する方法を重視している。多くのスポーツにおいて，2チームが競技し，もう1つのチームは責任をもって審判と得点係の役割を果たすようにさせている。この第3番目のチームを「当番チーム」と呼んでいる。スポーツ教育では，きまって少人数で，制限時間のある試合が行われるので，当番チームの仕事が時間延長になることはない。バレーボールのシーズンでは3対3の試合が行われるが，それを例に具体的に説明してみよう。

　8人から11人で構成される各チームは，3人組のミニチームを2〜3編成する。1回のゲームは6〜8分間で，ゲームの開始と終了は，すべて同時である。1回のゲーム時間内で，クラスの3チームの中の2チーム間で3対3によるゲームが同時に4試合行われる。残りのチームはそれらの試合の審判と得点係を務める。そのゲームが終了すれば，当番チームは次には試合の順番となり，先に競技していたチームの1つがローテーションで次のゲームの当番チー

ムとなる。試合をすることと，当番チームとして責任を果たすこととのローテーションを一度学べば，子どもたちは決められた場所に移動し，次の役割の準備をするようになるので，試合から試合への転換は非常に速やかに行われる。

　子どもたちが順番で審判をしたり，得点や統計的な記録をつけたりすると，単にテストに答えを書くこと以上に実行性のあるルールを学びとるだけでなく，生きたパフォーマンスを理解するようになる。また，子どもたちは自分たちで審判の役割を担うことによって，他の審判の判断に敬意を払うようになり，彼らに対してより好ましい行動をとるようになる。このことを，私は実践を通して学んできた。

5．試　合

　スポーツ教育カリキュラムで適用される試合形式は多様である。実際，サッカーでは，1対1の試合から，最後にはミニサッカーのトーナメントへと繋がる一連の試合で構成される（p.66～p.70参照）。器械運動の競技会は，規定演技と自由演技があり，それについては p.78～p.86 で説明している。陸上運動の競技会では，それぞれの種目の基準にもとづいて個人のパフォーマンス得点で競争することもできるし（例えば，子どもが特定の高さや距離を跳んだり，あるコースを特定の時間で走ったりして，得点が取れるようにする），ミニ大会でチームが競争するといった通常のやり方に近い形式でもできる。p.47～p.49 に記述されている試合形式のほとんどは，小学校のスポーツ教育に応用できるものである。

　重要なことは，競争するということではなく，楽しさを味わい，フェアにプレイすることである。このことが特に強調されなければならない。子どもたちは常に自分たちのベストを尽くすように奨励され，またチームメイトは仲間をサポートするように指導される。端的に，望ましい競争観をもつように指導され，強化される。「一生懸命に行い，フェアにプレイし，そしてクラスメイトが成し遂げたことを賞賛する」ということが，スポーツ教育の中心的理念である。

6. いろいろな賞の与え方

スポーツ教育モデルの重要な仕掛けは「総合スポーツ賞」である。このシステムでは，授業の構造（目標―内容―方法），マネジメント，学習の進め方等のすべてがチームのアチーブメントに関与するように仕組まれている。総合スポーツ賞は年間を通して最も高い得点を獲得したチームに与えられる。ポイントは4つの領域に対して与えられる（表5.2参照）。毎授業時間のチームワーク・ポイントは，準備運動，服装や無遅刻，さらに活動への参加状況に対して与えられる。認知的活動のポイントは，審判，学習ノート，ワークシートとテストの結果に対して与えられる。フェアプレイ・ポイントについては，各チー

表5.2 総合スポーツ賞のポイントシステム

毎回のチームワーク・ポイント：（最高30点が得られる。1授業でそれぞれのカテゴリーにつき1点。）
    10点― チームのみんなで準備運動・整理運動がきちんとできること。
    10点― チームのメンバーみんなが遅刻しないで，きちんとした服装で参加すること。
    10点― 授業の諸活動にチームで参加すること。

チームの認知的活動ポイント：（最高30点が得られる。それぞれのカテゴリーで満点か0点かで得点される。）
    10点― 審判ができること。
    10点― 学習ノートを完成させ，期限までに提出すること。
    10点― テストとワークシートを期限までに提出し，チームのメンバー全員がテストに合格すること（70％以上）。

フェアプレイ・ポイント：（40点の持ち点）
    教師あるいは審判から注意を受けると1点減点。
    教師からタイムアウトをとられたり，イエローカードが出されると2点減点。
    タイムアウトが繰り返されたり，レッドカードが出されたり，あるいはテクニカル・ファウルをとられたら3点減点。

トーナメント・ポイント
    協力的にプレイできたら1点
    勝つと1点。
    引き分けは0.5点。

ムは持ち点40点のフェアプレイ・ポイントからスタートし，フェアプレイに関するルールに違反すると減点されていく．トーナメント・ポイントは試合に勝つか引き分けたとき，また協力的にプレイできたときに得られる．

注目すべきことは，試合に勝って得られるポイントは，総合スポーツ賞の観点からみて相対的に低いことである．もちろん，勝利に向けてベストを尽くすことが大切であることを学ぶのは重要であるが，賞は協力的に活動し，さまざまな役割をきちんと果たし，完全なかたちで試合に参加し，フェアにプレイしたチームに与えられる．

また，フェアプレイ・ポイントから減点されるペナルティが厳しいことにも注目していただきたい．フェアプレイのシステムは，「授業のルール」にも関係している．教師から注意を受けると1点減点．タイムアウトは2点減点．継続的に課題から離れたり，破壊的な行動をとった場合には3点の減点となる．試合の中では，イエローカードおよびレッドカード・システムが適用される．イエローカードは警告であるが，レッドカードもしくはテクニカル・ファウルはフェアプレイ・ポイントから3点の減点となる．

図5.1は，総合スポーツ賞のための「シーズンスコア整理シート」を示している．総合スポーツ賞のモットーである「一生懸命プレイし，フェアにプレイし，楽しむこと」が常に強調され，このモットーは，体育館の目立つ場所に，総合スポーツ賞のタイトルの下に掲げられる．

子どもたちは目標を達成したことを認められたいと思っている．スポーツ教育モデルでは，さまざまな達成に対して表彰することが重視される．それぞれのシーズンでは，一連の定期的な公式試合の中で多くの勝者や勝ちチームが生まれる．例えば，1対1，2対2，3対3のサッカーの試合における勝者や勝ちチーム，また器械運動の競技会の個人賞やチーム賞といったようにである．これらに与えられる賞に加えて，次のような賞も有効である．

キャプテン賞：キャプテン契約書に示された任務を果たしたすべてのキャプテンに与えられる．

技能向上賞：シーズンごとに各チームが投票する．

ベスト・スポーツパーソン賞：クラスで投票される．

102　スポーツ教育のカリキュラム例

クラス：														
チーム	1	2	3	1	2	3	1	2	3	1	2	3		
スポーツ	サッカー			バスケットボール			器械運動			バレーボール			陸上運動	
毎回のチームポイント														
適切な準備運動/無遅刻														
相応しい服装														
スポーツパーソンポイント														
スポーツマンシップ														
審判														
トーナメントポイント														
認知的ポイント														
学習ノート														
テスト														
チーム合計 (%)														
総合得点														

図5.1　総合スポーツ賞のためのシーズンスコア整理シート

チームワーク賞：シーズンにおいてすべての獲得可能なチームワーク・ポイントを得た場合，そのチームの各メンバーに与えられる。
フェアプレイ賞：シーズンにおいてすべての獲得可能なフェアプレイ・ポイントを得た場合，そのチームの各メンバーに与えられる。

　各シーズンにおいて，そのスポーツに独自な賞を与えることもできる。最多エース賞，最多セーブ賞等がその例である。このような賞の授与は，試合でのパフォーマンス・データをとるように指導しておけば容易に決定できる。高学年では信頼できるデータがとれるようになるので，このような賞は追加しやすくなる。

7．スポーツ教育のインパクト

　スポーツ教育では，体育館はカラフルで祭典的な雰囲気のある施設となる。子どもたちがそれぞれのスポーツにおけるパフォーマンスの技術的要点が確認できるように，技術ポスターが活用される。シーズンや年間を通して獲得された得点が目立つように掲示される。フェアプレイ・ポスターによって，授業のルールや期待されていることがらを子どもたちに確認させる。また，そのシーズンで扱われるスポーツに関わって，性，人種あるいは年齢の違いを注意深く配慮して著名なプレイヤーを選び，彼らの写真を掲示すれば，「スポーツの参加には年齢，性あるいは人種の区別はない」ことを子どもたちに実感させるのに役立つ。
　大切な試合をビデオに撮ることに，子どもたちは大変好ましい反応を示す。子どもは自分たちがプレイしている姿を見るのが好きなのである。私は，チームごとに1人，またはクラスで1人の子どもにそのシーズンについて報告する責任をもたせ，それを学校新聞やスポーツニュース・レターとして発刊したり，スポーツニュース掲示板に掲載するようにしている。学級担任の教師たちは，しばしば総合的な学習活動を求めるものであるが，スポーツ教育には，そ

のような学習活動を可能にするさまざまな方法がある。例えば，学習した特定のスポーツに関連して研究課題を与え，作文を書かせたり，パフォーマンスに関する統計的なデータを保存して評価させたり，特別な装飾や賞を制作させたりするような活動がそれである。

　スポーツ教育シーズンは昼休みや校内大会の時間にまで拡大させることができる。そのようにすれば，すべてのスポーツに関わってクラス対抗試合もでき，学習しているスポーツにバリエーションを与えることができる。このような方法を意図的に組織化すれば，昼休みや校内大会の時間は体育の拡大された必修活動の場となるだろう。

　子どもたちはスポーツ教育に参加し，何回かのシーズンを経験すれば，自分たち自身のスポーツへの関与のし方をうまく組織し，実践することができるようになる。私は，数年前に校内フロアーホッケーのトーナメント大会を発展的な活動として組織したときの大きな驚きと感動を思い出す（私はそれまで体育でフロアーホッケーを扱ったことはなかった）。子どもたちは自分たちのチームを編成し，自発的に審判の役割を務めていた。トーナメントの初日から各チームは予定時間よりも前に体育館に集合し，スケジュール通りに準備を進めていた。選出されたキャプテンは，各ポジションが埋められているかどうか確認していた。選手の交代もスムースで，口論なく進められていた。すべての子どもは，等しい時間量でプレイしていた（このことはルールの1つになっていた）。チームは頻繁に私のところにやってきて，時間外に用具を使って練習したいと申し出た。子どもたちは本当によくやっていた。これは，私が達成したいと思った理想がみごとに実現された1つの経験である。

　第3章から第5章にかけて，小学校体育においても，適切にスポーツを教えることが可能であることを示してきた。スポーツ教育は教授技術や戦術的なプレイの観点からみて有益なモデルであるばかりでなく，協力，フェアプレイ，そして競争についての適切な考え方を教えたり，学んだりするうえで非常に有効なモデルである。これらは，教師も子どもも異口同音に評価している点である。これらの価値ある学習成果は，中等教育学校段階でさらに拡大させることができる。第II部の第6章から第9章までは，そのことに焦点をあてて述べることにする。

第6章

ミドルスクールのバレーボール

ジェシカ・フック（ホッカデイ校）

　この章では，ミドルスクール段階で，はじめてスポーツ教育を実践した際の取り組みについて述べる。この取り組みは，シーデントップが「初心者モデルの1つの典型例」として取りあげたものである（Siedentop, Mand, & Taggart, 1986）。この実践では，通常の体育プログラムに何も変更を加えていないし，私の学校の他の体育教師たちもこの実践にまったく関与していない。私の個人的裁量の中で，スポーツ教育を試みたのである。

スポーツ種目と学年段階：バレーボール；ミドルスクール
シーズンの構成：15回の授業，毎日のミーティング
チームの編成：2チーム；教師が選択・編成
試合形式：修正されたトーナメント，クライマックスのゲーム
生徒の役割：プレイヤー，キャプテン，副キャプテン，審判，得点係
記録：チームポイント，ハッスル技能得点，試合ポイント，技能・知識テスト
特記事項：各賞，コンピュータによる技能向上シート

1．チーム編成とキャプテンの選出

　シーズン初日に生徒たちをチームに所属させることは，スポーツ教育が十分な成果を生み出すための不可欠な条件である。生徒たちがスポーツすることの真の意味を味わううえで，チームは重要な役割を担っている。同時に，私の解釈では，チームは授業における管理的・指導的なシステムを機能させる力をもっている。チームに所属することは，活発な参加を動機づけるとともに，仲間同士の責任を培う重要な源泉でもある。

　私は，ABチームとCDチームという2チーム編成モデルを採用することにしている。体育館にはグリッド型の場が設定される。体育館の前面の壁には，A，B，C，Dの文字が等間隔に印される。それぞれの文字から反対の壁に向けて，床にテープが貼られて，番号がつけられている。その文字と番号の組み合わせが，クラスの各生徒のホームエリアを示すことになる。例えば，シーズンはじめにナンシーがB4を指定されたとすれば，彼女はB列の4のところに行けば自分のホームエリアを見つけることができる。

　これまでのところ私自身がチームとキャプテンを決めてきた。学年最初のスポーツ教育シーズンにおいて，生徒はアルファベット順にホームエリアが割りあてられる。この割りあてによって編成されたチームがあまりにも不均等であれば，より公正な試合が保持されるように変更が加えられる。しかし，私は授業の焦点をチーム間の競争以上にチームでの協力的な活動と運動技能の向上においているので，ホームエリアの割りあてにおいてほとんど変更する必要がなかった。

2．授業の進め方と指導

　授業では，マネジメントに費やす時間を減少させ，できるだけ学習の時間を保障するように一連の「約束行動」が適用される。生徒たちは体育館に入って

きたら，自分たちのホームエリアに行く。キャプテンの指揮のもとに，音楽を流しながら基本的ないくつかの静的ストレッチを行う（およそ4分間）。そしてキャプテンと副キャプテンはドリル練習に必要な用具を取りに行き，チームメイトに分配する。

その後，心拍数が十分に高められる持続的な活動として6分間の基本的技術の練習をする。これは私が「スキルハッスル」と呼んでいるもので，授業での1つの重要な段階である。体育館には4箇所の技術練習の場が設定される（図6.1参照）。合図によって，サブチーム（A，B，C，D）は素早く指定された最初の場所に移動し，1分間に区切られた練習をする。そして，キャプテンがそのパフォーマンスのスコアを記録する。合図でサブチームは次の場所に速やかに移り，別の1分間の技術練習を行う。これが4つの場所で繰り返される。

シーズンが進行するにしたがって，それぞれの場所で扱われる技術は変化していく。シーズンのはじめには技術が紹介されるが，その際にはジグザグライン・ジャンプの場，壁を使った素速いオーバーハンドパスの場，アタックの

```
┌─────────────────────────────────┐  ┌──────────────────┐
│ 第1の場                          │  │                  │
│ ジグザグライン・ジャンプ         │  │                  │
│                                  │  │                  │
│                                  │  │                  │
│         第3の場                  │  │                  │
│         アタック                 │  │                  │
│                                  │  │                  │
│                                  │  │                  │
└─────────────────────────────────┘  │       第4の場    │
                                      │       サーブ     │
   第2の場                            └──────────────────┘
   壁を使ったオーバーハンドパス
```

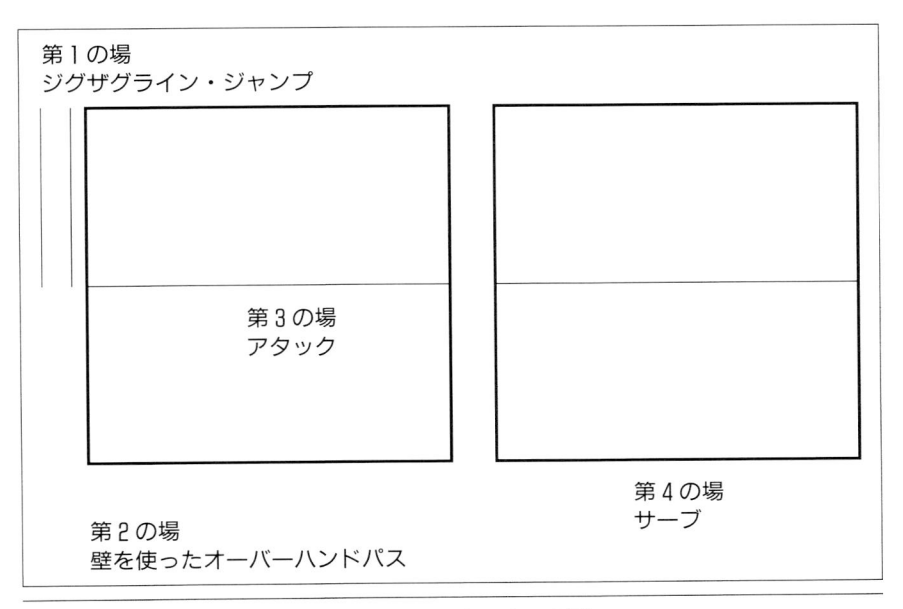

図6.1　体育館に設定されたスキルハッスルの4つの場

場，サーブの場がつくられる。ジグザグライン・ジャンプの場での目標は，1分間，一方の端から反対側の端にジグザグに進んでいきながら（また戻ってくる）左右のサイドへのジャンプをできるだけ多くトライすることである。チームのメンバーが同時にできるように十分な数のラインを用意しておく。キャプテンはスコア（回数）を記録する。

壁を使った素速いオーバーハンドパスの場では，生徒は壁から8フィート（2.44 m）離れたラインの後ろに立ってパスをする。壁には2本の平行なラインテープが貼られており，上のラインは床から11フィート（3.35 m）の高さである（図6.2参照）。合図によって生徒は壁の2本のライン間に正しいオーバーハンドパスを行い，1分間に何回できるかを数える。キャプテンはスコア（回数）を記録する。

アタックの場では，助走とスパイク動作の練習をする（技術的にはオーバーハンドスローと大変よく似ている）。生徒はこの場所にくると，それぞれ2つのニー・パッドを手に取り，バレーボールネットの幅いっぱいに広がって「タッチポイント（助走の出発点）」につく。タッチポイントはプレイヤーが3歩のステップで助走し，ネットに体が触れないように垂直にジャンプする練習を

図6.2　壁を使ったすばやいオーバーハンドパスの場

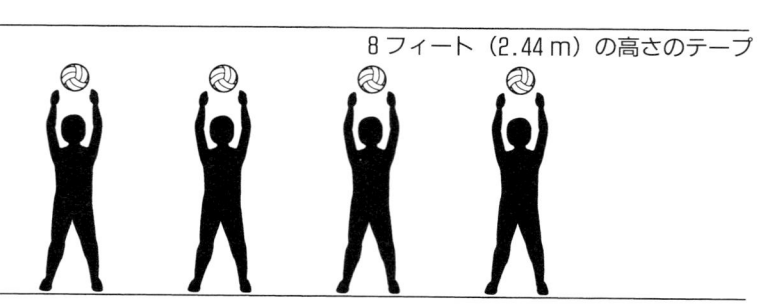

行うためのスタート地点である。各プレイヤーは両手にそれぞれニー・パッドを持つ。ネットに近づくと，垂直にジャンプし，両腕を空中に投げ出す。プレイヤーが右利きであれば，最初に左手に持っていたニー・パッドをネット越しに落とし，そして右手に持ったニー・パッドをアタック同様の腕のスウィング動作で力強くネット越しに投げ下ろす。投げる動作をしない方の手でニー・パッドを持つことによって，両腕をもち上げることを課題にすることができる。この動きは，よいジャンプを行うために極めて重要である。生徒はネットの右サイドを走ってニー・パッドを取りに行き，左サイドに戻ってきて，助走とスローを繰り返す。1分後，キャプテンは成功した回数を記録する。

　サーブの場では，生徒は自分の技能レベルに相応しい距離からサーブを打つ（オーバーハンドかアンダーハンド・サーブ）。そして，右サイドをかけ足で回ってボールを取りに行き，別のサイドに戻って再びサーブを打つ。1分後，キャプテンは成功した回数を記録する。

　シーズンが進むにしたがって，それぞれの場で練習する技術は変化していくが，それらの技能に関わった記録はチームごとに残されていく。シーズン終了時にコンピュータで集計され，プリントアウトされたシートが各生徒に配られる。スキルハッスルの時間も心拍数を上げるために取り入れられている。1分間という時間を決めることで，生徒たちは毎回記録される技能スコアの向上に向けて奮起するし，また努力し続ける。生徒たちには，常に，彼らが獲得するスコアは成功した回数であることに注意を払わせる。時間を限定することは，単に試行回数が多ければよいというのではなく，成功した回数が課題であることを意識させる。具体的には，壁のラインの間に届いた正しいオーバーハンドパスであり，正しい3歩の助走，アタック動作，そして成功したサーブである。

　スキルハッスルの時間の後で，前回の練習について短時間の復習がなされる。その後，10分ないし15分間，新しい技術や戦術が紹介され，それを練習する時間がとられる。ここでの練習課題もチーム間で競争的に行われるが，その主要なねらいは一定時間内での成功裡な達成におかれる。

　シーズン初期の段階でも，授業の後半にはゲーム的活動が行われる。そこでは，その日の授業で練習した技術や戦術を中心課題とする攻防練習ゲーム（タ

スクゲーム）が適用される。これらの攻防練習ゲームは典型的に少人数（3対3）で行われ，それぞれ異なる親チームから出てきた小チーム同士が対戦する。授業の終わりには，その日の活動内容についての短いまとめが行なわれる。

3．生徒の役割

　生徒たちはバレーボールのプレイヤー，キャプテンと副キャプテン，審判，ラインズマン，得点係になることを学ぶ。キャプテンにはホームエリアの位置が割りあてられる。例えば，最初のシーズンではABチームのA1という生徒がキャプテンに，B1という生徒が副キャプテンに，またCDチームのC1がキャプテン，D1が副キャプテンになる。これは，親チームを2つの小チームに分けて編成するための便利な方法である。

　キャプテンの最初の役割はチームの名前をつけることである。例えば，ABチームが「エイサーズ」という名前を選べば，ABという名称はなくなり，シーズンを通して「エイサーズ」と呼ばれる。キャプテンと副キャプテンは毎授業時間さまざまな責任を負う。彼らは，準備運動をリードし，用具の分配や回収を行わせ，いろいろなドリル練習においてコーチする必要があり，また技術練習の記録をつけ，試合のためにチームを編成し，いつもチームを上手にまとめて授業の運営をスムースに進行させなければならない。

　生徒たちは，審判やラインズマンの責任を学び，練習する。すべての生徒は，これらの役割に必要なスキルを毎授業時間のはじめの指導場面で学び，その日の授業のゲーム場面や攻防練習の場面で実践することになる。主要な試合が行なわれる直前には，3対3のトーナメント試合と，審判やラインズマンの仕事が授業の中心的課題となる。練習やゲーム場面は，それぞれの生徒が審判の練習をする場でもある。

　生徒にはボールがインかアウトを示す合図，サーブ開始のコール，ポイントの判定のし方等を学ばせ，練習させる。攻防練習をしばしば中断させ，ローテーションや得点のし方，そして審判の判断が正しいかどうかについて検討させ

るとよい。生徒たちはプレイヤーの立場から審判の立場へと難なく移行して考えるものである。審判に対しては，ゲームをコントロールすること，ゲームの流れを保つこと，それ以外には目立たないようにすることの重要性が強調される。

4．試　合

　シーズン全体は2つの親チーム間の試合となる。授業のほとんどの段階に，2チームによる何らかの試合が位置づけられていて，それらの結果はすべてポイントの獲得に組み入れられる。公式試合はシーズンの中盤から始まり，シーズン終了まで続く。主要な試合はコートの範囲を制限した3対3のゲームである。それぞれの親チームは3対3のゲームのために3人組のチームをいくつかつくる。トーナメント試合のスケジュールが貼り出される。
　最終日の授業では，審判，ラインズマン，交代選手等を適用した「正規の人数の試合」が行われる。それは特別に設定されるもので，すべてバレーボールの正式なルールに従って行われる。

5．チームポイントといろいろな賞

　スポーツ教育シーズンに動機づける重要な手続きはチームポイントである。マネジメント，学習，試合に関わるすべての努力がチームポイントの一部に反映され，それらのポイントの合計によってそのシーズンのチャンピオンが決定される。この方略によって，ゲームに勝つことと同等に，チームの協力や技能向上の重要性を強調することができる。

■チームポイント
　チームポイントは毎回計算され，生徒たちがチームの向上の状態を確認できるよう，体育館に掲示される。このポイントには「適切な服装」というように，基準を満しているかどうかによって得られるものがある。その場合にはす

べてのチームが同時にポイントを得る可能性がある。他方，教師の合図にどのチームが最も速く反応できたかといったように，競争的に行われる場合には，1度に1チームだけがポイントを得る。ポイントシステムには，明瞭に結果がわかる試合のようなものがあるが，指導場面や練習場面のパフォーマンス，またマネジメント行動や学習行動のように結果が不明瞭なものも含まれる。

マネジメントのチームポイントは，さまざまな課題に関わって獲得することができる。すべてのプレイヤーが更衣室から出てきて最初にホームエリアに集まったチーム，同様にメンバーの全員がユニフォームを着ているチームに1点が与えられる。ABチームは体育館の片側で，CDチームは反対側でというように，常に割りあてられた場所でいっしょに練習しているチームに，また教師が全員の練習をやめさせ，注視させるためにホイッスルを吹いたあと，最初にボールを置いて静かになったチームに，1点が与えられる。

学習のポイントは，授業の中の主要な指導場面や練習場面で与えられる。私は，目標が明確なドリル練習を用いるようにしている。ここでの目標は，時間で計れたり，回数が数えられる具体的なものである。私は，正確なパフォーマンスの指導を重視している。したがって，アンダーハンドで三角パスのドリルをさせようとする場合には，どの3人組のチームがパスを連続して上手にできるのかを試す競争を仕組むことにしている。この競争に勝った3人組の親チームには1点が与えられる。このチームポイント競争は2つの親チーム間で行われる。小グループが競争する場合でも，得点は常に親チームのものになる。

3対3の試合のときには，それぞれの3人組チームが親チームのポイントを獲得するチャンスをもつ。これらのポイントは試合が進むにつれて加算されていく。私は，個人やチームによる際立ったフェアプレイや好ましいスポーツ行動に対してもチームポイントを与えることにしている。それらをクラスの模範として取りあげることによって，それが大切な行動であることを認めさせることができる。クライマックスとなる選手権試合では，6人制のゲームが採用されるが，このゲームでの勝利チームは，シーズンにおけるこのイベントの重要性を反映させて，より大きなポイントが与えられる。

■いろいろな賞

中心となる賞は「バレーボール選手権賞」で，これはシーズンを通してチー

ムポイントを最も多く獲得したチームに与えられる。受賞チームのメンバー全員に賞状が授与される。私はコンピュータ・グラフィックのプログラムを用いて賞状を作成した（図6.3参照）。これらの賞状はあなたが利用できる器機に応じて，厚手の賞状用紙に印刷することができるし，また印字したものを厚紙にコピーしてもよい。

　フェアプレイ賞はクラスの個人に与えられるが，その対象はクラスメイトを進んで助けた生徒，勝敗に関わらず潔い態度をとった生徒，ルールの条文や精神にそってプレイした生徒，自分自身のことよりもチームやクラスのことを考えて行動した生徒である。これは大切な賞の1つである。受賞の基準はあらかじめ生徒に知らされているし，ときには彼らと話し合って決めることもある。私は，この賞が人気や技能の高さによるものではないことをはっきりわからせるようにしている。また，この賞を生徒たちの投票によって決定させている。

　キャプテンと副キャプテンはシーズン中の努力によってチームキャプテン賞を受けとる。キャプテンはシーズンごとに代わるので，生徒たちはみんな年間のどこかのシーズンでキャプテンになり，リーダーとしての責務を経験することになる。

　各賞は決勝戦の後にクラスのみんなの前で授与される。受賞者は名前が呼ばれ，前に出て賞状を受けとる。くわえて，この受賞式において，シーズンの練習を通して得られた技能の進歩度を示したコンピュータ集計シートが配布される。

6. 教師の受けとめと反省

　私は大規模なミドルスクールの新任体育教師として，学校や体育科の一般的な期待や計画にそいながら，授業の中にスポーツ教育を取り込むことができた。総じて，私自身の意図したことが達成できたし，うまくいったと思う。一端チームやクラスの「約束行動」が確立されれば，授業の主要な部分はキャプテンとチームのメンバーによって運営される。生徒たちはチームに所属することを楽しみ，チームのポイントシステムの中で活発に，情熱的に参加した。

114　スポーツ教育のカリキュラム例

ホッカデイ校

第6学年　体育

バレーボール
優勝

受賞者氏名

_____

授与者氏名

Ms.ホック

図6.3　バレーボール選手権で優勝したチームのメンバーに与えられる賞状

もし体育科全体でこのモデルを採用すれば，もっと大きな成果を上げることができると考えている。私たちの学校では，現在のところそれぞれの教師の授業のし方があるが，共通のスポーツ教育のモデルを確立し，実践できれば，①クラスからクラスへ，また学年を追って，スポーツ教育の学び方は確実に転移していくであろう。②生徒たちは，スポーツ教育の形式について熟知するようになるのであろうし，自分たちのスポーツ参加に対して一層大きな責任をもつようになるだろう。③トーナメントの試合や競技会はクライマックスのイベントとして一層拡大した範囲で実施することができるし，またクラス内競技会の範囲で行うこともできる。④スポーツ教育にとって祭典性は大変重要な意義をもつが，特にミドルスクールの生徒にとっての意義は絶大であるため，祭典性をつくり出したり，これを維持したりすることはきわめて容易にできる。事実，それは学校全体の1つの祭典になると思われる。

第7章

高校におけるタッチラグビーとテニス

ビヴァン・グラント（オタゴ大学）

　この章では，ニュージーランドのレイス高校におけるタッチラグビーとテニスのプログラムについて述べる。レイス高校は第10学年を対象としたスポーツ教育の全国的実験授業に参加した21校のうちの1つである。本章の内容はレイス高校を主要な事例としながら，21校の教師たちの経験にもとづいてまとめられている。スポーツ教育は，教師たちが固定的に抱いている信念や，伝統的な短い単元の授業，多種目主義の体育プログラムに対抗する新しいアプローチを意味している。この全国的な実験的試みは大きな成功を収め，100校を越える高校が次年度以降にスポーツ教育を導入するための研修会に参加を申し

スポーツ種目と学年段階：タッチラグビー，テニス；高校
シーズンの構成：22回の授業，週4回
チームの編成：2クラス合同，8チーム；生徒によるチーム編成
試合形式：2回の総当たり戦（タッチラグビー），シングルスとダブルス（テニス）
生徒の役割：プレイヤー，スポーツ委員，チーム編成委員，キャプテン，コーチ，マネジャー，審判，得点係，広報係，トレーナー
記録：試合の結果
特記事項：掲示板，チームの写真，全校的に盛り上がる大会，地元のスポーツ施設への訪問，認定証

込んできた。現在，150以上の高校がスポーツ教育のモデルを採用している。

1．チーム編成とキャプテンの選出

　シーズン初日にスポーツ教育について説明した。教師と生徒のどちらにとっても，スポーツ教育は従来の体育プログラムからの変更を意味するので，そのモデルの説明に時間をあてたのである。最初の課題は，シーズンを通してイベントの組織・運営に責任をもつスポーツ委員の選出であった（p.121参照）。スポーツ委員は4人から6人のグループ（男女同数）とした。委員の役割は何か，またどのような生徒が委員として相応しいのかについて簡潔に説明した後で，スポーツ委員が選出された。チーム編成はスポーツ委員，あるいはチーム編成委員によって行なわれた。チーム編成委員というのは，チームを公正に編成することを目的としたグループであり，クラスメイトによって選ばれた。

　チーム編成を有効に行うことはスポーツ教育シーズンにとって極めて重要である。チームができるだけ均等になることが不可欠であり，チーム編成の前に，チーム編成委員はその責任について指導されるべきである。チーム編成委員は，技能レベル，生徒の関心・態度，クラス内の人間関係，男女のバランス，定期的な欠席者等を考慮して人選する必要がある。またチーム編成委員は必要に応じて教師の助言を求めるべきである。

　ニュージーランドでの実験的試みに関する報告によれば，公正さや正義について鋭敏な感覚をもつ生徒たちは，公正なチーム編成の倫理を堅持するために大変気を配っていたという。チームのメンバーシップはスポーツ教育の目的に照らして基本的に重要な意義をもつので，公平なチーム編成が行われれば，チームメイトはよいスタートがきれるし，各チームメンバーの貢献に対して心から評価することを学ぶことができる。

　タッチラグビーにおいては，チーム編成委員にさまざまな意思決定を行わせるために，いくつかの修正ゲーム（簡易ゲーム）が適用された。試しのゲームの間，生徒たちは修正ゲームをプレイし続けるが，そこではチームを入れ替わったり，チーム内でローテーションしたりしていた。たいてい試しのゲームに

先立って，ゲームでのプレイのし方やルールが熟知されている攻防練習が行われた。試しのゲームはセルフ・ジャッジで進められた。テニスでは，チーム編成委員がチームを決めるために，シングルスの試合によってスキルテストとランクづけが行われた。

　タッチラグビー（生徒60人）では8チーム，テニス（生徒30人）では6チームが編成された。チームがつくられると，そのチームが最初に行わなければならないことは，コーチ，キャプテン，マネジャーの選出である。この実験的試みに参加したほとんどの高校は，それぞれの役割についてどのようなリーダーシップを発揮すべきか，明確にする努力を払っていた。それぞれの役割には重要な責任があり，そのことが生徒たちによりよいリーダーシップの発揮のし方を学ぶ機会を与えることになった。タッチラグビーシーズンにおけるこれら3つの役割（コーチ，キャプテン，マネジャー）の具体的な内容についてはp.121〜p.122に説明されている。

2．授業の進め方と指導

　このプロジェクトに参加した教師たちにとって，スポーツ教育ははじめての試みであった。このプログラムの実施にあたって，教師たちにとって最も気がかりだったのは，多くの責任を生徒たちに引き渡すことであった。レイス高校の教師2人は，ラグビー・シーズンのために複数のクラスを合同にした。これによって60人の生徒集団ができ，それを8チームに編成した。テニス・シーズンはそれぞれ単一のクラスで行なわれ，6チームが編成された。

　スポーツ教育モデルを説明し，スポーツ委員を選んだ後で，教師はかなりの部分を直接的指導にあてるかたちでシーズンを開始した。ここではそれぞれのスポーツの基礎的な技術や戦術に加えて，ルールやスポーツの歴史，慣習的なマナー，その他の興味深いことがらが指導された。シーズンの授業内容の展開については表7.1および表7.2に示されている。これらのはじめの段階における授業のペースは教師によってコントロールされたが，そこでは教師が学習に期待していることがらや，スポーツ教育モデルに対する教師の熱意が生徒たち

表 7.1　タッチラグビー・シーズンの展開

授　業	活　動
1	スポーツ教育およびタッチラグビーの技術の紹介，スポーツ委員会についての話し合いと委員の選出
2	技能練習，修正されたゲーム，ルール，慣習的なマナー
3	技能練習，修正されたゲーム，チーム編成委員の選出
4	試しのゲーム
5	チームの発表，コーチ，キャプテン，マネジャーの選出，技能練習
6	チームでの技能・戦術練習，審判
7	技能・戦術練習，プレシーズンのゲーム，試合形式についての話し合い
8～14	総当たり戦（1），毎回1チームが当番チーム
15	総当たり戦（1）の反省，チームに必要なものについての話し合い，チーム練習，他のクラスとの昼休みのゲーム
16～22	総当たり戦（2），毎回1チームが当番チーム
23	他のクラスとのフェスティバル・ゲーム，表彰式

に伝えられた。

　シーズンが進むにつれて，教師は授業の主要な責任を生徒に移していった。教師の役割は，日々の授業の中で起こることがらに対して生徒がより強くイニシアチブをとれるように支援する方向へと変わっていった。教師の反省については後述するが，生徒が次第に責任をもつように準備していくことがスポーツ教育の重要な特性である。

　マネジャーは，毎時間の練習や試合に関わって用具を管理することにはじまって，チームのメンバーが適切な時間に適切な場所にいるかどうかを確認する

表 7.2　テニス・シーズンの構成

授　業	活　動
1	スポーツ教育およびテニスの技術の紹介，スポーツ委員の選出
2～5	技能練習：サーブ，フォアハンド，バックハンド；テニスの歴史や伝統，ルール，慣習的なマナー，ダブルスのプレイ，審判
6	技能テスト：サーブ，フォアハンド，バックハンド
7	ランキングのためのシングルスゲーム
8	シングルスゲーム，チームの編成
9	チーム練習，ダブルスの試合形式に関する説明
10～14	ダブルスの総当たり戦，同じランキングのプレイヤーの対戦
15	ダブルスゲームの反省，チーム内のシングルスのランキング
16～21	チーム対抗のシングルス戦，同じランキングのプレイヤーの対戦
22	地域のテニスセンターへの訪問，ゲーム，表彰式

ことに至るまで，主要な責任を引き受けるようになった。コーチは，毎日の練習に関わってより大きい責任を引き受けるようになった。コーチは，すべての生徒が参加しているかどうかを確認し，プレイヤーの課題に応じた練習を計画し，ゲームの戦術についての話し合いをリードし，試合中のプレイヤーの交代を行なわせた。キャプテンは，戦術をコーチとともに考え，チームを代表して試合の手続きの決定を行ったり（例えば，コイントス），チームのために審判とやりとりしたり，試合後の相手との挨拶を先導したり，また，スポーツ場面で常に規範的なフェアプレイ行動を示すように努めた。

　タッチラグビーのプログラムでは，当番チームが適用された。これはニュージーランドでの実験的試みの中で広く採用され，大きな成果を上げた。当番チームは，その授業またはその授業の一部では試合を行わず，当番の仕事に専念した。当番チームは授業の前後の用具の出し入れ，各チームの正しい試合場所の確認，ゲームの開始や終了時間，試合結果の収集と記録，全試合の審判，得点係と計時係，スポーツ委員への諸問題の報告などに責任をもった。また，総当たり戦では毎回異なるチームが当番の責任を果たした。

3．生徒の役割

　生徒たちはテニスおよびラグビーのプレイヤー，審判，キャプテン，コーチ，マネジャー，得点係，広報係，そしてトレーナーの役割を学んだ。このような各チームに与えられた多くの責任ある立場は，きわめて意義深い学習成果を生み出した。そのことは，実践した多くの教師たちによって報告されている。というのも，スポーツシーズンを通して，チーム全体がうまく機能するための重大な責任を請け負うことにより，生徒たちは自分の役割に真剣に取り組むようになるからである。

　スポーツ委員はシーズンを通してイベントの組織や管理に対して責任を負った。スポーツ委員の任務には次のようなことがらがあった。

■スポーツ委員の役割
- 教師とともに試合を計画する。
- もめごとや生徒の要求を処理する。
- 生徒からのアイディアやフィードバックを共有できるように教師と話し合う。
- 各チームに対して望ましい役割モデルを提示する。
- クライマックスとなるイベントを計画する。
- プログラムの毎授業時間のスムースな展開を確保する。

　タッチラグビーあるいはテニスにおいて，マネジャー，コーチそしてキャプテンは以下に述べる特別の役割を担った。

■マネジャーの役割
- コーチをサポートする。
- チーム練習のための用具を準備する。
- だれが，いつ，どこでプレイするのか，プレイヤーに確実に知らせる。
- ユニフォームや番号などが適切であるかチェックする。
- 欠席した生徒の代わりのプレイヤーを配置する。
- 必要事項をコーチや教師に伝える。

- ●当番チームのとき に，チームのメンバーをそれぞれの役割につかせる。

■ コーチの役割
- ●チームのプレイヤー全員に対して公平である。
- ●プレイヤー全員を練習や試合に参加させる。
- ●プレイヤーの意見に耳を傾ける。
- ●効果的な練習を計画し，また教師の助言を求める。
- ●いろいろなアイディアについてマネジャーやキャプテンと一緒に話し合う。
- ●試合中にプレイヤーの交代を行う。

■ キャプテンの役割
- ●練習の内容やゲームの戦術に関してコーチと打ち合わせをする。
- ●コートやフィールド上でチームの意思決定を行う。
- ●試合中にチームを代表して審判と対応する。
- ●勝敗を決した場面や試合後の挨拶の場面でチームをリードする。
- ●フェアプレイの模範を示す。

　いくつかの学校では，各チームにトレーナー役を特別に設けているところもある。トレーナーは救急箱を責任をもって管理し，そのスポーツの中で起こりうる傷害やその処置についてよく知っている必要がある。またある学校では，チームに広報係を置いているところもある。広報係は，最新の情報を掲示物として提供する仕事を請け負うとともに，ポスターや新聞記事によって学校中に自分たちのチームの成果を公表することもある。

　審判のし方は，シーズンはじめの技能や知識に重点をおいた授業の中で指導される。すべての生徒がそのスポーツの審判のし方を学び，正式な試合において審判の仕事を行う。チームのキャプテンやコーチは，審判に対して望ましい行動の模範を示したり，チームがフェアにプレイしたり，審判の判断を尊重することを確実に実行させたりすることに大きな責任をもっている。

　広報係はチームの構成員の中から選ぶこともできるが，スポーツ委員会の責務にすることもできる。ほとんどの学校では，スポーツ教育のニュースや情報のための掲示板をつくっていた。その掲示板には，試合のスケジュール，ゲームの結果，ルール，当番チームの仕事，チームの写真，スポーツに関するポスター等が貼られていた。

4．シーズンの試合

　表7.1（p.119）および表7.2（p.120）は，試合を含めたタッチラグビーとテニスのシーズンの展開を示している。2つのスポーツの試合は，ともにチーム戦によって組織された。タッチラグビーのシーズンでは，2回の総当たり戦が中心となった。テニスの試合は，はじめはチームによるダブルスの総当たり戦が行われ，その後にチームによるシングルスの総当たり戦が行われた。ニュージーランドの実験的試みでは，多くの場合，公式試合に先立って試しのゲームや攻防練習が取り入れられていた。指導は主にこれらの場面で行われた。生徒はチームに所属し，試合のための準備をしたことで，練習場面でも真剣に取り組む傾向がみられた。それぞれのシーズンにおいて，2回の総当たり戦の間にパフォーマンスを評価したり，次の試合に向けて意思決定を行う時間を設けた。また，試合が行なわれなかった日もあり，その場合の授業では技術や戦術の内容を広げたり，試合に関わった問題について議論したり，また地域的，全国的あるいは国際的な試合のビデオ等の教材を通して，そのスポーツについて知的に学習した。

　タッチラグビーとテニスの双方とも，スポーツ委員会によってクライマックスとなるイベントが組織された。タッチラグビーの委員会は，全校的なイベントとしてクラス対抗試合を企画・運営したが，そこでは，メジャーのラグビー競技会で行われているあらゆる祭典的な催しが取り入れられた。これらの最終的なゲームの後に表彰式が行われた。テニスでは，クライマックスとなるイベントとして，地域のテニス施設への訪問が企画され，そこでゲームを行ない，各賞が授与された。そのようなイベントを計画したねらいの1つは，コミュニティーのテニスクラブで，どのようにテニスがプレイされているのか，生徒に実体験させることであった。

　スポーツ委員会は，教師の助言を得ながら試合の主要な責任を引き継いでいく。実践した教師の経験からみて，試合をうまく進めていくためには次の問題に注意を向ける必要がある。

- ●全員の参加を促すことをねらいにしたルールづくり。
- ●親しみやすいゲームを保障するような，修正されたルールと用具。
- ●短い時間のゲーム。たいてい時間（開始と終了）が定められたゲーム。
- ●スケジュールを明確にし，結果を公表する。
- ●適切なポイントシステム。
- ●フェアプレイの強調。ポイントシステムの中に組み込こんでいる場合でもこのことを強調する。
- ●的確な審判と，審判の判断を受け入れることを強調する。

5．いろいろな賞

　各賞はシーズンの最終日に授与された。ニュージーランドの実験的試みで用いられた賞の種類や数は多く，多岐に及んでいた。たいていの学校はチャンピオンチーム賞，フェアプレイ賞，そしてスポーツ委員会のメンバー，キャプテン，コーチ，マネジャー等の認定証である。いくつかの学校では，それぞれのプレイヤーにそのスポーツシーズンへの参加を記念する賞状が与えられた。また，ある学校では勝利チームのメンバーに賞品（ソフトドリンクなど）が与えられた。

　ニュージーランドでは，アメリカで典型的に行われているような方法での体育の評定は与えられていない。したがって，教師が評定について報告する必要がある場合に有効なポイントシステムは，ニュージーランドの実験的試みに参加した教師に共通してみられたわけではない。評定に繋がる高校段階のポイントシステムの例については p.146 に記述されている。

6．教師の受けとめと反省

　教師たちは「統制する指導形態」から「支援的・援助的な指導形態」へと素速く移行し，彼らの役割を権威的なものから支援的なものへと変えていった。

当初，このことは，ニュージーランドの実験的試みに参加した多くの教師にとって難しいものであったが，最後には，この経験が最も広範に評価された価値ある成果であったことが確かめられている。

多くの教師たちが経験し，知り得たことは，チームのコーチやキャプテンが戦術を理解したり，技術的課題を解決するために，教師の援助を求めるということであった。多くの教師たちは，特別なアドバイザーとしての役割を果たしながら，各チームの進歩に向けて常に相互作用を営んでいた。ただし，特定のチームに対して他のチーム以上に思い入れるようなことはせず，すべてのチームに対して平等に援助していくことが重要であった。

「チームへの所属」と，自分たちのスポーツシーズンに責任をもつことで生じる双方向的な営みによって，チームメイト間に多様で多大な関わりが出現した。ただし，それらの関わりがすべて肯定的なものであったわけではない。教師たちは，はじめ直接的な介入を避けるようにすることは難しいと考えたが，チームで問題を解決することができ，その過程で生徒たちにとっての価値ある教育的経験が生み出されていることをすぐさま見出した。教師たちは，「どんなときに見守り，またどんなときに介入すべきか，判断できるようになった」と述べている。

　最初，教師中心の指導方法をやめることは非常に難しいと思った。私はそのことに不満を感じ，介入しはじめた。ところが，あるチームから「やめてください」と言われた。私は彼らが失敗するだろうと思ったが，彼らは私に援助してもらいたいとは思わなかったのである。…彼らの場合，最終的にはかなりの技能的向上が認められた。… 彼らは確実に目的をもち，グループの一員として進んで活動に参加していた。この機会は彼らの集中力を高め，その結果，課題に取り組む際の「学習の質」も，通常の体育の時間よりも良好であったといえるだろう。
　　　　　　　　　　　　　　　　　　中等教育学校の体育教師

スポーツ教育は間違いなく生徒中心の指導モデルであり，教師は慣れ親しんできた中心的役割からすぐさま離れ去ることができるのも疑いの余地はない。教師が中心的な位置を占めていたときに比べてその姿は見えにくいものとなるが，このモデルの成功には教師の方向づけ，リーダーシップ，そして支援が不可欠である。多くの教師たちは，「この支援者としての役割が生徒との新しくて，より満足できる関係をつくり出すのに役だった」と報告している。

しかし，スポーツ教育のはじめての経験が，ニュージーランドの多くの高校体育教師が抱いていた固定的な観念への挑戦であったことは確かである。

　体育においてスポーツを適用することに関して長年抱いてきた考え方は，スポーツ教育によって跡形もなく吹き飛ばされてしまった。私は最初このスポーツ教育に対して疑念を抱いていたが，今ではそれによって何が実現されるのかを理解するようになった。
レイス高校体育教師

　スタートしたときにはまるで登山に挑戦するようなものであった。しかし，それが成し遂げられ，生徒の中に情熱がわき上がってくるのをみて，それが実に価値のあることだと思った。
レイス高校体育教師

レイス高校をはじめ広くニュージーランドの教師たちは，全員一致してスポーツ教育の肯定的な成果について報告している。すなわち，これまでの典型的な教師中心の，多種目活動的な形式の授業よりも生徒が責任を果たし，意欲的・合理的に取り組んでいたことを確かめている。また，教師たちの判断では，これまでの典型的な授業よりも技能的向上がみられたという。一層重要なことは，技能の低い生徒たちが，チームの中で多様な役割を果たし，それらの経験からすばらしい成果が得られた，と述べていることである。チームに所属

することや試合に向けて準備することが，これまで欠落していた授業への真剣な取り組みをもたらしたといえる。

　しかしながら，何にもまして驚かされたのは，第 10 学年の生徒たちがスポーツ教育シーズンの主要な責任を引き受け，それらを立派に遂行したことである。しかもそのことは一貫した反応であったし，しばしば驚嘆するほどのできばえであった。

　私がスポーツ教育を肯定的に受けとめる理由の 1 つは，これまで生徒たちが勝つことだけに向けてきたまなざしを，コーチングすること，審判をすること，マネジメントに携わること，キャプテンになること，当番の仕事を遂行すること，観戦者になること，といった全般的な行動に向けていったことにある。生徒たちは試合が好きであったが，テニスについて深く学びたがってもいた。このプログラムでは，スポーツについて，またスポーツがどのようにすれば体育の重要な部分になりうるのかについて，全く新しい光があてられている。

レイス高校体育教師

　レイス高校の 3 人の教師は，ニュージーランドの他の高校の教師たちと同様，「これまでの多種目活動プログラムの取り組みでは，これほど高い水準の成果を生み出すことはできなかった」，と語っている。結果として，現在，レイス高校では，スポーツ教育は体育プログラムの中の重要な部分となっており，恒久的な位置を確保している。

第8章

高校におけるフィットネス・プログラム

デボラ・タンネヒル（オハイオ州立大学）

　スポーツ教育モデルでも，間違いなくフィットネス活動を提供できる。この章で私が述べる筋力トレーニングのプログラムは高校の体育教師が開発したものである（Sweeney, Tannehill, & Teeters, 1992）。ランニングとエアロビクスの適用例は心肺機能に焦点があてられているが，これらもスポーツ教育モデルを利用したものである。この章における適用例は，フリーウエイト，エクササイズマシーン，あるいはパートナーワークなどのプログラムを開発するうえで豊かな情報を提供している。

筋力トレーニング

　子どもの筋力トレーニングの効果について，次第に研究成果が積み重ねられてきたことから，以前よりも多くの専門家がこの活動を推奨するようになっている。ここでいう効果とは，筋力や筋持久力の増大，傷害の防止，スポーツやレクリエーション活動におけるパフォーマンスの向上である。しかし，筋力トレーニングについて指導する際には，体力に対する生徒の関心を高めることによって動機づけていくことが重要である。また，実現可能な期待値や目標値を設定することも大切である。

スポーツ種目と学年段階：筋力トレーニング；高校
シーズンの構成：24回の授業，週3回
チームの編成：体重別，クラスでキャプテンを選出，くじ引きまたは指名入札によるチーム編成
試合形式：ウィークリー・チャレンジ，個人戦，チーム戦
生徒の役割：パフォーマー，キャプテン，審判，得点係，広報係
記録：個人記録，技能判定，チーム記録
特記事項：個人賞，チーム賞，最優秀技能賞

1. チーム編成とキャプテンの選出

　授業が男女共習か男女別かに関わらず，チーム編成は体重別で行われるべきである。ここでは14歳から18歳までの31名の女子の授業に対してスポーツ教育モデルが適用された。シーズンは7人のキャプテンを選出することから始まった。この授業では体重（ポンド単位）にもとづいて4階級が設定された。A級が96～106ポンド（43.5～48.0 kg），B級が112～119ポンド（50.7～53.9 kg），C級が121～134ポンド（54.8～60.7 kg），そしてD級は135ポンド（61.2 kg）以上である。

　チーム編成にはいくつかの方法がある。1つはくじ引きによるものであり，キャプテンがそれぞれの階級から生徒の名前が書かれたくじを引くことになる。2つ目は，インクラインプレス，ベンチプレス，スクワット，クリーンといった選択された種目で生徒の予備テストを行う方法である。ここでは，予備テストの結果にもとづいて生徒が評価される。評価は生徒の能力をポイントに置き換えて行われる。各キャプテンにはあらかじめ100ポイントが与えられ，入札によってチームメンバーが選択される。その際に，キャプテンは生徒たちの能力向上の可能性や，各階級を通してチームパフォーマンスを最高にするた

めの人選のし方について考慮する必要がある。一見，これはメンバーを選り好みする可能性がある不適切な方法のようにもみえるが，生徒たちはこのことを客観的に行うし，これによってチーム編成の過程が真剣なものになり，またその後のチームの努力を高めていくようである。

2．シーズンの活動

ウエイトリフティングの特性から，トレーニングとトレーニングの間に身体を休養させることが大切である。したがって，シーズン中にウエイトリフティングだけが行われる場合には，隔日のスケジュールで展開する必要がある。別の方法として，下半身のリフティングと上半身のリフティングを1回おきに行うのもよい。さらに，心肺機能を高める運動など，他のフィットネス活動と組み合わせて，それらを1回おきに実施することもできる。ここで示した適用例は，月・水・金曜日のスケジュールで行なったものである。

授業ごとに，各チームは実施する運動，セットの回数，運動の反復回数を設定したトレーニング内容を計画した（表8.1参照）。はじめの段階では教師がトレーニングのスケジュールを提供しなければならなかったが，シーズンが進むにつれて，キャプテンやチームのメンバーが自分たちの特殊な必要性に応じたトレーニング内容をつくり出していった。ウィークリー・チャレンジがミニ

表8.1 授業におけるチームのトレーニング・スケジュール

曜日	運動	セット数	反復回数
月、水、金	クリーン	4	8〜10
	ベンチ	6	8,8,6,2,2,2
	スクワット	6	8,8,6,2,2,2
	ベント・アーム・ラテラルス	3	8〜10
	トライセプス・プッシュ	3	8〜10
	トー・ライズ	6	30

競技会として実施され，そこではインクラインプレス，ベンチプレス，スクワット，クリーンといった最終競技会での種目となるものから1つが取り上げられた。

チームの各メンバーは，すべてのトレーニングとリフトの個人記録シートを保持した。それぞれのリフティングでは，重量の正確さとリフトの適切さを確認するために，チームメイトによって検定を受ける必要があった。チームの各メンバーは自分の記録をキャプテンに提出し，キャプテンはチームの累積記録を保存していた。

シーズンはじめの授業では，正確な技術，安全性，および筋力トレーニングの効果についての理解に焦点がおかれた。シーズンが進むにつれて，授業の焦点は各週のミニ競技会や最終競技会への準備に移されていった。最終競技会はチーム戦であり，そこでは全種目および全階級を通したリフティングの総重量によって競われ，競技におけるチームの集団的性格が強調された。また，リフティング技能も評価の対象とされ，優秀な技能を示した生徒には賞が与えられた。

3．生徒の役割

生徒は，キャプテン，審判，得点係および広報係の役割を担った。ウエイトリフティングのシーズンにおけるキャプテンの役割は重大である。それは，チームの向上に対してリーダーシップを発揮していくことに加えて，安全確保の点でも役割が大きいからである。安全については単元はじめに強調されるとともに，正確なリフティングの技術を指導する際にも，その都度強調される。キャプテンは，そのチームの安全面に関わるリーダーにならなければならない。単に安全に関するモデルになるということだけではなく，チームのメンバーが安全のルールや手順を理解し，しっかりそれを守るように導かなければならない。

シーズン初期は，教師がトレーニングのスケジュールを提供するが，この時期にあっても，キャプテンはチームの毎回のトレーニングを管理する責任をも

つ。シーズンが進み，チームメイトとともにトレーニングを計画する際には，キャプテンは積極的な役割を果すようになる。さらに，試合に向けてチームを準備させ，試合中にあってはチームをマネジメントすることになる。

　生徒たちには適切なリフティングと不適切なリフティングの識別のし方や，重量の検定の方法が指導される。彼らはシーズンを通してこれらのことを練習する。というのも，個人またはチームのパフォーマンス記録としてカウントされるためには，新記録はすべて認定される必要があるからである。彼らはまた，試合の審判のし方についても学んでいく。各チームに広報係をおき，掲示板やパフォーマンスの公式記録を書き改めさせることもできる。

4．パフォーマンスの記録といろいろな賞

　個人とチームのパフォーマンス記録は多様なカテゴリー（階級ごと，各種目の合計，各階級ごとの合計，またチームのパフォーマンスの合計等々）ごとに保持される。これらの記録はシーズンの終りに与えられる各賞の基準となる。
　チーム賞は，もちろん最終チーム戦によるリフティングの結果に対して与えられるが，個々のミニ競技会においても与えることができる。シーズン全体を通しての優勝は，さまざまなパフォーマンス記録の組み合わせによって決定される。効果的に筋力を向上させるためには，技術は決定的に重要であるが，それは安全対策面でも必要不可欠であることから，試合中にすぐれた技能を発揮した生徒に優秀技能賞を与えることも考えるべきであろう。他のスポーツ教育の適用例にもあるように，責任を十分果たしたキャプテンに特別賞を与えるのもよいだろう。

5．生徒と教師の反応

　生徒たちにスポーツ教育モデルに関するアンケート調査を実施したところ，その反応は極めて肯定的であった。生徒たちは，このようなチームで取り組む

授業形式において，従来の体育授業よりも一層積極的に，また自己統制的に活動できたと回答している。

　教師もまた，伝統的な体育授業よりも生徒たちの活動に一層情熱的に関わることができ，より多くのことがらが達成されたと確信しているようであった。教師たちは，特にクラスのパフォーマンスの向上に満足するとともに，それがスポーツ教育の形式がもつ動機づけに起因するものだと考えていた。

ランニング

　非常に多くの体育授業にあって，ランニングは遅刻や不適切な行動に対する罰として用いられている。伝統的なフィットネス単元にもランニングは位置づいていて，たいてい400mトラックを用いて行われるが，それはフィットネスのためのランニングというよりも社交的なウォーキングになってしまっている。しかし，疑いなくランニングはスポーツ教育の焦点となる可能性をもっている。その可能性を実現するには，生徒の情熱を持続させるようなさまざまな競技が適用されるべきであり，そうすることによって結果として心肺機能への効果を最大に高めることができる。

スポーツ種目と学年段階：ランニング；高校
シーズンの構成：20〜25回の授業，毎日または週3回
チームの編成：タイムトライアルによるチーム編成
試合形式：タイム予測走，速歩，ハンディキャップ走，オリエンテーリング，
　　　　　パートナーおよびチームでの競争
生徒の役割：キャプテン，リーダー，得点係，マネジャー，トレーナー，レー
　　　　　　ス審判
記録：個人のトレーニング記録，チームおよび個人の試合におけるパフォーマ
　　　ンス，伸びの記録
特記事項：各賞，広報，特別なイベント

---

1. ランニング・シーズンの展開

　公正なチーム編成に決定的に重要なことは，最初に一連のタイムトライアルを実施し，生徒たちの現在のパフォーマンス能力に従ってランクづけすることである。1マイル・ハンディキャップ走や200ｍペース・チャレンジ等，異なる走能力が必要となる多様なトレーニング形式や試合があるので，これらのトライアル走を活用すると有効である。これらのランキングの結果にもとづいて，キャプテンの選出やチーム編成を行うことができる。その際には，本書に記述されている多くの方法を参考にすべきである。

　チームが編成されれば，メンバーはシーズンを通して共同でトレーニングや試合を行う。多様なランニング活動や競技が行われるため，マネジャー役を決め，競技に向けてチームメイトを準備させたり，チームの記録をつけさせるとよい。コーチは，チームでトレーニングしたり，その他の活動を行ったりする場面でリーダーシップを発揮する。また競技に関わった意思決定を行う。

　ランニング・シーズンを成功させるための鍵は多様性である。多様な活動によって，生徒はトレーニングの疲労を回復することができ，また心理的にもより刺激的なシーズンを提供することができる。多様性を生み出すにはいくつかの方法がある。

- ●トレーニングする場所を変える（トラック，公園，森林エリアなど）
- ●トレーニングの種類を変える（ファルトレク，速歩，インターバル走，ペース練習，スローペースの長距離走）
- ●強度を変える（強くまたは速く，普通に，やさしくまたはゆっくりと）
- ●未経験なチャレンジを与える（ハンディキャップ競走，オリエンテーリング，ファイルラン）

　シーズンはじめに，ランニングやウォーキングの技術，またそれぞれの競技に向けて必要なトレーニングが授業の主要な目標として指導される。シーズンは，トレーニングの強度や持続時間が次第に増大するように計画されるべきで

ある。競歩やオリエンテーリングのような特別なイベントを行う場合には，適切な技術が習得されるようにフィードバックを頻繁に与えながら指導し，練習させる必要があろう。

シーズンを通して定期的に競技会が計画されるべきである。というのも，競技に向けての準備や競技でのチームパフォーマンスが重要な動機づけになるからである。トレーニングの場合と同様に，徐々にその強度を高めていくべきである。その際には，疲労の回復も考慮に入れ，シーズンを通して異なる種類の競技を用いて変化をもたせるようにする。適用できる競技には次のようなものがある。

● 目標設定チャレンジ

チームが個人および集団の目標を設定し，目標に合わせてパフォーマンスをチェックする。その目標に到達するとチームにポイントが与えられる。目標には距離，回数，トレーニングへのねばり強い取り組み等が考えられる。

● タイム予測走

チームのメンバーは，設定されたタイム内でどのくらいの距離を走れるか，逆に，設定された距離をどれくらいの時間で走れるのかを予測する。スピードや走り抜いた距離，また予測の正確さによってチームはポイントを獲得する。

● ペース練習チャレンジ

一定の距離，繰り返しの回数，回復のための時間を決める（例えば，2分間の休息を挟んで，200mを6回繰り返す）。生徒の能力レベルに応じて異なったペースが設定できる。目標はチームのメンバーが設定したタイムのプラス・マイナス3秒以内で走ることである。要求されたペースの範囲内であれば，繰り返しポイントが得られる。

● ハンディキャップ走

ハンディキャップ走は，体力レベルが向上し，チームのメンバーの能力がかなり明瞭になるシーズン後半に利用されるべきである。この段階になると，教師あるいはコーチは生徒のパフォーマンスにもとづいてチームメンバーの正確なハンディキャップ・タイムを設定することができる。ここでは1マイル（1.6km），1.5マイル（2.4km），2マイル（3.2km）といったように特定の

距離が設定される。すべてのランナーは同じコースを走る。最も遅いランナーがレースのスタートを切ったときに計時をはじめる。後に続く各ランナーは自分のハンディキャップ・タイムになったときにスタートする。例えば，あるランナーが1マイル・ランニングで12秒のハンディキャップであれば，最初のランナーがスタートしてから12秒後に走りはじめる。ハンディキャップが正確であれば，ランナーたちは束になってゴールするであろう。ゴールラインを通過した順位によってポイントが与えられる。

● 距離走チャレンジ

このイベントは授業外のトレーニングを促進することができる。チームは走りたい距離を決めるが，それは授業外に走る距離でもよいし，あるいは授業内と授業外の練習で走る距離を合わせてもよい。チームのメンバーは走った距離を報告し，マネジャーがトレーニングごとに記録していく。長距離走の場合，トラックを走るチームを動機づける方法として，ある都市から他の都市へ，あるいは州を越えて走行するといったように，特定の場所に向けて走ることに見立てながら挑戦させることができる。地図を準備し，マネジャーが目的地に向けて走った距離を記録するとよい。

● オリエンテーリング

オリエンテーリングは，それ自体もともとコンパス，地図，その他の道具を用いたスポーツであるが，ランニングプログラム用に修正することができる。教師がコースを設定するが，その際には多様な地形を利用し，全コースの中の戦略ポイントにコースマーカーを置いていく。すべてのランナーが正確なコースを走り続けるためには，チェックポイントの札の集め方を詳細に示したコース地図が必要である。各ランナーはそれぞれ自分のペースで走り，その成績によってチームポイントが加算されていく。他の方法としては，全コースをチームでまとまって移動させることも考えられる。

2．生徒の役割，記録，いろいろな賞

ランニング・シーズンがスムースに展開されるために，各チームにはキャプ

テン，マネジャー，およびトレーナーが必要になる。キャプテンの役割は，大部分のスポーツ教育において採用されているものである。マネジャーには個人およびチームの最新のパフォーマンスを記録していく責任がある。またマネジャーは，多様な試合へのエントリーに関わってキャプテンを助ける。トレーナーはランニングに結びつく多様な疾患や傷害について熟知するように努める。彼らは，ストレッチングについて助言や指導を行う。

　ランニングはあらゆる練習や競技の中で記録をとることのできる活動である。距離や回数，ペース，さらにタイムが目標を上回ったか下回ったかということを記録の中に組み入れることができる（表8.2参照）。活動のチーム的性格を強調するために，記録の掲示は個人よりもチーム形式で行うとよい。向上することが主要な目標であるから，掲示されるパフォーマンスの記録は絶対値のタイムや距離よりも記録の伸びにもとづいたものが望ましい場合がある。

　ランニング・シーズンの賞は，競技そのものの他に多様なものが考えられる。競技よりも練習の記録に焦点をあてた賞があってもよいであろう。各賞はパフォーマンスや記録の伸びの他に，計画通りに練習できたかどうか等も組み入れるようにすべきである。

表8.2　3マイル（4.8 km）・コースのタイム予測走

名前	予測タイム	実際のタイム
キャティー	21:10	
マーク	18:55	
デイビッド	19:20	
ホセ	19:45	
ラドナ	24:50	
ペリー	25:00	
ゲーリー	29:30	
エド	23:30	
ニコル	27:15	

エアロビクス

　エアロビクスは，現在フィットネスの授業としてあたりまえのように行われている。エアロビクスはたいてい持続的であり，すべての主要な筋肉群が使われる。また，運動の強度，持続時間，頻度が徐々に増加されていく。ほとんどの場合，エアロビクスは音楽にのって行われる。それは，トレーニングの基準に到達させるためだけでなく，美的表現性を暗に強調するためでもある。以下を読んでいけばわかるように，スポーツ教育におけるエアロビクスでは多様な形式を用いることができる。

スポーツ種目と学年段階：エアロビクス，高校
シーズンの構成：20～40時間の授業，毎日か週2～3回
チームの編成：心肺持久力のトライアルによるランキングにもとづいて編成
試合形式：持久力競技，演技の構成，心拍数競技，筋力および柔軟性の競技
生徒の役割：パフォーマー，キャプテン，デザイナー，判定係，体力測定係
記録：個人とチームのパフォーマンス記録，演技のランキングと評点
特記事項：発表会，ビデオ撮影

1．エアロビクス・シーズンの展開

　シーズンはじめに，生徒の有酸素能力を測定する。また，筋力や柔軟性といった体力要因に焦点をあてた競技を行うのであれば，それらの能力も測定しておく。測定に際しては，生徒をランクづけするための基準となるいくつかの有酸素能力テストがあるので，その中から選択することができる。そのテストには，12分間走・歩，1.5マイル走・歩，AAHPERDの1マイル走・歩等がある。シーズンはじめのもう1つの有用な授業内容として，脈拍の測り方を教え

たり，生徒たちに安静時および回復時の脈拍を記録させることがあげられる。

　適切な体力測定によって生徒をランクづけした後，本書の他の章で示されているいずれかの方法でチームを編成する。キャプテンは体力レベルによってではなく，基本的にリーダーシップの資質によって選ばれるべきである。各チームは多様な体力レベルの生徒がメンバーになるような人数で編成されるべきである。エアロビクスをグループで行えるくらいの人数がよい（各チーム少なくとも6〜8人）。

　各チームはすぐにチーム名を決めるべきである。カラフルなユニフォームは動きの美的表現性をより強めることになるので，おそらく各チームは衣装も工夫するに違いない。各チームには体育館の決まったスペースが与えられ，授業が始まったらその場所へ行くようにすべきである。

　毎日体育授業に参加する生徒たちの場合，他のスポーツ教育シーズンを月・水・金曜日に設定し，エアロビクスの授業を火・木曜日に計画することができるであろう。別の可能性としては，体育授業のある日はすべてエアロビクスの授業を組むこともできる。高い負荷と低い負荷の活動を組み合わせれば疲労を十分回復させることができるので，エアロビクスのトレーニングは毎日でもよい。

　シーズンはじめの授業の中心は，ウォームアップ，筋肉群，漸進的なオーバーロード（頻度，持続時間，強度）といった正しいエアロビクスの原理についての指導におかれる。生徒たちは高い負荷のエアロビクス，低い負荷のエアロビクス，ステップ・エアロビクス，ウォーター・エアロビクスの違いを学習すべきである。柔軟性や筋力のトレーニングは，心肺機能のトレーニングとは区別されなければならない。生徒には早いうちに心拍数を正確にすばやく測定する方法を学ばせておくべきである。同時に，安静時の心拍数，閾値レベルの心拍数，回復時の心拍数の概念を学んでおく必要があろう。

　競技会は持久力，技能，美的表現性等，その強調点に広がりをもたせて頻繁に計画するとよい。エアロビクスの演技を競う場合には，そのジャッジのし方を説明し，理解させる必要がある。スポーツ教育のエアロビクスにおいて適用できる競技の種類には次のようなものがある。

● 持久力競技

　この競技は，チームやクラスのチャレンジにするとよい。例えば，15分間の強い負荷でのエアロビクスを計画し，そこでチームのメンバーがその運動を正確に，休むことなく行えた場合にはポイントが得られるようにする。この活動を不適切に行った生徒や休息する必要があった生徒には1分間のタイムアウトをとらせてからこの活動を再開させる。

● ルーティーン競技

　各チームは選択した音楽に合わせて演技をつくり出さなければならない。その演技は，例えば主要な筋肉群を等しく使うといったような特定の基準（テーマ）にしたがってつくられるべきである。美的な表現性も加味しながら，それらの運動の基準に則していかに忠実に演技がつくられ，表現されたかがジャッジの基礎になる。他のチームの生徒たちが判定役になるべきであろう。

● 心拍数競技

　チーム対抗競技によって，心拍数の向上（例えば，安静時の心拍数の減少），目標となる心拍数の範囲内での活動の継続，あるいは心拍数の回復（トレーニングを実施し，設定された回復時間の後で，生徒たちが設定基準を満たしているかどうか確認するために心拍数を測定する）に焦点をあてることができる。

● 筋力と柔軟性の競技

　エアロビクス・シーズンの中で筋力や柔軟性の向上を課題にするなら，これらの体力の測定方法にもとづいて，容易に競技をつくり出すことができる。ここでも，絶対的な測定値ばかりでなく，記録の伸びに焦点をあてることが大切である。

2．生徒の役割，記録，いろいろな賞

　エアロビクスにおけるキャプテンの役割は，他のスポーツ教育モデルを適用する場合と類似している。しかし，エアロビクスでは，リーダーシップと動機づけが特に重要である。この他，生徒たちは演技の創作係，判定係，運動測定係等の役割を担うことができる。チームの数人のメンバーは，自分のチームの

エアロビクスの演技を創作する役割を担おうとするに違いない。また他のメンバーは，演技の際に，チームを代表して審判の役割を引き受けるであろう。さらに残ったメンバーは，運動の測定係としての訓練を受け，さまざまな測定（心肺機能，筋力，柔軟性の尺度にもとづいて測定したり記録する）に関わってチームを適切に導いていく。

　ランニングの適用例の場合と同じように，安静時および回復時の心拍数等，定期的なパフォーマンスの測定が重要であり，それぞれの生徒の記録が残されるべきである。これらの記録は個人のために，またチームとして活用できる。演技のチームパフォーマンスを判定するためには，公平な評価システムが開発されなければならない。そうすることによって，そのシステムをパフォーマンス記録の一部分に取り入れることができる。ランニングの場合と同じく，ここでも各賞はパフォーマンスそれ自体に対して，くわえてその向上の度合に対しても与えられるべきである。

第9章

高校のカリキュラムにおけるスポーツ教育

ドナ・デュガス（ニコラス州立大学）

　高校段階の体育プログラムでは，一般に数多くの目標が掲げられているが，最も主要な目標として生涯スポーツへの参加と体力を取り上げているところが多い。この章では，特にスポーツ参加の目標実現に向けて，高校のプログラム全体の中にスポーツ教育をどのように組み込むことができるのかについて述べる。その例として，ここでは，筆者が指導したルイジアナ理数芸術学校（LSMSA）のプログラムを事例的にとりあげることにしたい。

　LSMSA の全体的な体育プログラムには3つの主要な柱がある。レジャー，フィットネス，そしてスポーツ教育である。これら3つの領域内で提供される授業は表9.1に示している。これらの柱は知識・技能・態度を重視する原理と目標の考え方から導き出されている。生徒たちは必修のフィットネス領域のプログラムから始め，その後で3つの領域内の選択コースへと進んでいく。

1．カリキュラム構成とスポーツ種目の選択

　1年間を4つのシーズンに区分することは，スポーツ教育を長いシーズンに構成することができるし，また本校における9週間ごとの4期の評定期間と一致している。スポーツ教育のテーマに合わせて，各シーズンを秋期，初冬期，晩冬期，春期と呼んでいる（表9.2参照）。私たちは，各シーズンのスポーツを計画する際に，取りあげるスポーツができるだけより広く行われている時期

表9.1　3領域のプログラムにおけるコース開設

スポーツ教育	レジャー	フィットネス
ラケットスポーツ	レクリエーショナル・ボート	ウエイトトレーニング
バドミントン	カヌー	エアロビックダンス
ラケットボール	ヨット	エアロビクス
卓球	水上スキー	
テニス	ウインドサーフィン	
ターゲットスポーツ	水中スポーツ	
アーチェリー	初級の水泳	
ボウリング	中級の水泳	
ゴルフ	上級ライフセイビング	
フェンシング	レクリエーショナル・ダンス	
ライフル射撃	スクエア・ダンス	
チームスポーツ	フォークダンス	
バレーボール	その他	
陸上競技	トレッキング	
フラッグフットボール	ハイキング	
バスケットボール		
野球，ソフトボール		
クロスカントリー		
水泳，サッカー		
格闘技		
空手		

スポーツ種目と学年段階：選択プログラムにおける9つのチームスポーツと14の個人スポーツ；高校

シーズンの構成：1年間を9週間の4シーズンに区分する

チームの編成：そのスポーツの特性やクラスの人数に対応して，生徒によってチームが編成される

試合形式：総当たり戦，トーナメント，対抗戦等

生徒の役割：プレイヤー，キャプテン，審判，得点係，統計係，広報係，運営委員会

記録：試合中のパフォーマンスについての記録統計，筆記テスト，審判や得点係のできばえ

特記事項：新聞記事，掲示板，各賞，スポーツ・ニュースレター

表 9.2　スポーツ教育のシーズン・スケジュール

学期	シーズン	チームスポーツ	個人スポーツ
秋学期	秋期 9週間	フラッグフットボール クロスカントリー	テニス アーチェリー 卓球
秋学期	初冬期 9週間	バレーボール サッカー	フェンシング ボウリング バドミントン ラケットボール
春学期	晩冬期 9週間	バスケットボール 水泳	フェンシング ボウリング ラケットボール ライフル射撃
春学期	春期 9週間	野球 ソフトボール 陸上競技	バドミントン ゴルフ アーチェリー

に実施するように努めた。例えば，タッチフットボールを初秋に，バスケットボールを冬に，またソフトボールを春にといったようにである。また，スタッフの条件の許す範囲において，できるだけ多様な個人スポーツやチームスポーツを提供するようにした。

　スポーツ教育の年間計画を立てるための別の方法として，1学期（セメスター）に6週間のシーズンを3つ設定し，1年間を計6シーズンにすることも可能であろう。また別の選択肢として，1学期をそのまま1つのスポーツ教育シーズンとして設定することもできるであろう。その場合には，1つのスポーツに18週間あてることができる。

2．チーム編成とキャプテンの選出

　各シーズンのはじめにチーム編成を行った。ある場合には，教師がキャプテンを選び，キャプテンがチーム編成を援助した（チーム編成の多様な手続きについては p.42～p.45 を参照）。
　また，別の方法として，教師と生徒が相談してチームを編成し，新たに作られたチームでキャプテンを選出する場合もあった。いずれにしてもフェアな試合を保障するために各チームのバランスを保つことに大きな関心が払われた。チーム数やチームの人数，試合のし方はそのスポーツを選択した生徒の総数によって決定された。

3．授業の進め方と指導

　すべての教師に各コースのシラバスを作成することに同意してもらった。というのも，どのコースの内容構成も等しくスポーツ教育の特性を保持する必要があり，また生徒たちにはさまざまな役割に対する責任を類似した方法で果たさせる必要があったためである。私たちは「教師」ではなく「コーチ」という呼び名を使い，また「単元」に代わって「シーズン」という言葉を用いた。しかし，そこで教師の役割が放棄されたわけではない。私たちは，アカデミックな環境の中で機能した。そこでは体育の評定が行われたし，コースで適用される教材は確かな期待のもとに位置づけられていた。
　スポーツ教育のすべての選択コースでは，学習課題と評価に関わって共通の形式がとられた（表 9.3 参照）。技能と戦術能の学習課題は，リーグ戦でのパフォーマンスとして表記された。換言すれば，生徒が試合の中で示す技能的・戦術的なプレイ能力が，学習課題に対する評価基準になるということである。技能と戦術能の評価は，試合中の生徒のパフォーマンスに対する教師の評価と，統計係の生徒が試合中に収集したデータにもとづいて行われた。審判や得

表 9.3　コースの学習課題に関する共通フォーマット

コースの学習課題

1. ルールや規定についての筆記試験
2. 総当たり戦における技能や戦術能の発揮
3. 総当たり戦での審判
4. 総当たり戦での公式スコアブックの記入
5. 少なくとも1つの選択的役割活動に参加すること
    a. 運営委員会
    b. コーチ
    c. 広報係
    d. 記録係

コースの評価

筆記試験（50点）	50
リーグ戦でのプレイ（各15点の8回）	120
審判（各10点の4回）	40
スコアの記録（各5点の4回）	20
選択的役割活動（20点）	20
合計点	250

コースの評定は生徒が得た合計点のパーセンテージによって決められる。

　　A　90〜100％（225〜250点）
　　B　80〜89％　（200〜224点）
　　C　70〜79％　（175〜199点）
　　D　70％未満　（175点未満）

点係の仕事も，スポーツ教育でのこれらの重要な役割に対して真剣に取り組ませるために評価された。生徒がプレイヤーとして，また審判や得点係として参加しなければならない試合の数は，そのスポーツやクラスの人数，そして採用される試合形式のタイプによって異なった。

　評価は，課題達成形式で行われた。筆記テストもこの形式をとっており，課題達成には80％の正答率を必要とすることとした。私は，この課題達成形式が生徒主導の質の高い統制機能を生み出すことに気づいてきた。もし生徒たち

が審判や得点係としての課題をもったとすれば，そこでの成果は生徒のフィードバックの質となって表われる。例えば，得点係となった生徒がその課題をうまく成し遂げられなければ，他の生徒が得点について尋ねてきたときに，すぐにそのことが露呈してしまう。このような場面で教師は，注意深い介入者になる必要があり，生徒同士が互いに与え合うフィードバックが適切なものかどうか，意地悪く行われていないかどうか確認する必要がある。

　この全体的なシステムは，生徒たちに他者との適切な相互作用の方法を学ぶ重要な機会を提供するものとなる。これが最善の状態で機能すれば，生徒同士の相互指導，協同学習の場となる。それは，学校外の場で経験されるスポーツそのものである。

4．生徒の役割

　スポーツ教育のすべてのコースでは，生徒をプレイヤー，審判，得点係およびマネジャーとして教育するように計画されている。くわえて，それらのコースでは多様なスポーツに結びついた戦術，ルール，歴史，そして慣習的なマナーの教育に明確な焦点がおかれている。そのことは，生徒があるスポーツから次のスポーツに移っても，また教師が異なっても，プログラムは連続性があり，好ましい結果を生みだしてきた。つまり，授業の目的，形式，そしてアカウンタビリティ・システムが一貫して保たれることになった。

　コースの目標には，生徒がそのスポーツ教育シーズンで果たさなければならないすべての役割が含まれている。目標は，技術や戦術，ルールの知識の観点ばかりではなく，選択した活動への参加のし方，審判や得点係としてのスキルの発揮のし方の観点からも明確に規定されてきた。スポーツ教育シーズンにおいて選択される役割には，①コーチ役になる，②運営委員会のメンバーとして参加する，③記録管理委員会に参加する，④広報委員会の仕事に参加する，といったものがある。何らかの方法でチームを編成したら，チームのメンバーはどの役割につくのかを決定し，すべてのメンバーが何らかの役割を請け負うようにする。この選択された役割によって，スポーツ教育シーズンの運営に関わ

る仕事の大部分が生徒によって行われることになり，スポーツ教育の真の自己指導的な特性が生み出されることになる。

　スポーツシーズンの管理・運営的な活動は，生徒たちの自己選択的な役割活動によって成し遂げられていく。運営委員会の生徒は，ルールの修正，違反行為に対する規律，チーム編成，ゲームの準備，またすべての生徒が平等にプレイできる時間を確保するためのルールづくり等に関わって支援する。運営委員会の生徒は教師が選ぶこともできるが，生徒がこのモデルを理解していれば，生徒によって選ばれることが望ましいし，その方がスポーツ教育の目的にかなっている。

　コーチ役の生徒は，教師の援助を受けながらチームの練習を指導すること，スターティングメンバーを決めること，平等にプレイする時間を調整すること，チーム内に潜んでいる問題を教師に伝えること等に対して責任をもつ。クラスの生徒数やそのスポーツの特性に応じて，各チームに副キャプテンを置き，その役割に関わった仕事が与えられる。コーチ役の生徒は，リーダーシップや公正さを基準にして，クラスまたはチームから選出される。男女共習のクラスでは，男女双方のキャプテンを選ぶとよい。

　選択的な役割活動として広報係を選ぶ生徒もいる。この生徒はスポーツのレポーターになる。ゲームで観察したことを記述したり，レポートの中に得点や統計的なデータを利用するといった仕事が与えられる。広報係が書いた記事は学校や地域の新聞に報告される。また，ゲームをビデオ撮影し，地元のテレビ番組のニュースとして放映してもらったり，あるいはクラスで再生して見るために編集作業を行ったりする。

　記録の管理も１つの選択的な役割活動である。記録係は統計の担当も兼ねる。記録・公表される統計的データはスポーツによって異なるが，個人およびチーム両方の統計をとることができる。記録係はリーグ戦や競技会のデータ（具体的には，リーグ戦の順位表，得点，失点，平均得点等）を集計し，最新の統計を掲示する責任をもつ。コーチ役の生徒には，戦術や技術練習を計画するときに自分たちのチームパフォーマンスに関する情報を利用するように勧めている。

5．試　合

　数多くの試合形式が適用された。バレーボール，サッカー，バスケットボール等のチームスポーツでは，総当り形式のリーグ戦で行われることが多かった。スポーツ教育においては，チームに所属することがその主要な特性であるので，アーチェリーやゴルフといった個人的スポーツであっても，チームによる競技形式を採用するようにした。陸上競技や水泳のようなスポーツにおいては，個人のパフォーマンスがチームのポイントに結びつくようにし，それによって結果が決定されるような試合を工夫した。

　授業に参加するクラスの生徒数やそこでの男女のバランスが，どのような試合を採用するかを決定する要因になった。例えば，テニスやバドミントンの試合では，クラスの人数や男女のバランスからみて可能であれば，男女別のシングルス，男女別のダブルス，男女混合のダブルス等が行われた。ライフル射撃やアーチェリー等の男女の違いが競技の結果にほとんど影響をしないスポーツでは，性を考慮せずにチームを組んで，競技が行われた。

6．チームポイントといろいろな賞

　私たちは多くの賞を設けるようにしたが，評定が重視される学校では，生徒たちは評定のためにも努力した。それぞれのスポーツに伝統的な表彰方法が採用された。主要な賞は，シーズンの試合の総合的な勝者に対して与えられた。スポーツによっては技能レベルに分けて競技が行われたので，そこではより多くの賞が授与された。例えばテニスでは，1部リーグのシングルス，2部リーグのシングルス，1部リーグのダブルス等に対して賞が与えられた。

　各チームの広報係は，試合ごとの順位を経時的に記録した。これらの記録は毎回書き改められ，体育館に目立つように貼り出され，また学校新聞に公表された。パフォーマンスの記録を正確につけることは，例えば50mのフリース

タイルで最も伸びた記録はどれ程か，あるいは誰が最高のディフェンス・リバウンダーなのかといったように，パフォーマンスの向上に対する理解を深めるうえで役立った。各賞は，それぞれのシーズンのクライマックスとなるイベント終了後に授与された。

7. スポーツ教育のインパクト

　高校の体育にスポーツ教育を取り入れたインパクトは非常に大きいものであった。スポーツ教育ではより多くの生徒が成功経験をもつことができたが，それはスポーツ教育が成功機会を増やすと同時に，スポーツを学ぶことの意味を明確にしているからである。生徒たちは，スポーツ教育への参加を肯定的に受けとめ，またスポーツそのものにより肯定的な感情を抱くようになったと報告している。スポーツ教育シーズンをスムースに進行させるためにさまざまな役割をもち，責任を果たさなければならないが，生徒たちはまちがいなくそれらの課題に関わって成功感を味わっていた。

　私は，しつけ上の問題がかなり減少したと確信している。生徒たちはより多くの責任をもち，積極的に受け入れていったが，そのような過程で高校の体育授業でよく見られる悪ふざけや不適切な行動をとらなくなっていったのである。最後に，スポーツ教育はよりよいスポーツ人を育てるうえで大いに貢献したといえる。それは，技能の高い競技者や知識の豊かなゲームプレイヤーとしてだけではなく，フェアにプレイし，競技を鑑賞し，チームメイトや相手の競技者の努力を認め，敬意を払う若者を育てるのに有効であった。間違いなく，スポーツ教育はよりよいスポーツ人の育成に機能する。

　第Ⅲ部では，スポーツ教育を通してどのように生徒たちをオーセンティックな方法で評価していくのかについて説明する。また，このスポーツ教育モデルをどのようにすれば教育運動としてのオリンピズムの目的にまで拡大することができるのか，探求することにしたい。

第III部

スポーツ教育における評価と経験の拡大

第II部では，小学校の児童や中学・高校の生徒を対象にスポーツ教育を実施するうえで効果的なさまざまな方法を提示した。第III部では，まずパフォーマンスを評価する方法について検討する。次いでスポーツ教育モデルを現代の世界に生きる子どもたちにとってより有意義で，教育的にみて好ましいものにするために，このモデルを拡大・発展させる可能性について検討する。

　10章ではスポーツ教育を実施する際に，どのようにすれば信頼できる評価が行えるのかについて述べる。実際，スポーツ教育では，パフォーマンスに関連する記録の保持とその活用によって「信頼できる評価（authentic assessment）」を確立しようとする。この種の評価は，体育の授業用に開発されたスキルテストが見あたらない場合には，実に信頼できるものである。評価には時間もかかるし，評価それ自体は教師にとってはあまり楽しい仕事ではないが，スポーツ教育においては必ずしもそうではない。子どもたちはパフォーマンスを観察・記録し，それを統計的に処理する方法を学ぶべきである。そして，このような記録は，スポーツ教育の学習経験の一部分として毎日，最新のものに書き改めていくようになっている。その結果，教師は常に筆記用具を持参して記録をとり続けるという忙しい状況から解放される。

　11章では，スポーツ教育を拡大させ，国際教育，多文化教育，そして人格的発達を組み入れようとする。それらはオリンピズムの目的であるとともに，スポーツ教育に1つのテーマを提供するものである。そのテーマとは，オリンピズムやオリンピック大会に関連した目的，シンボル，そして華やかさである。この章は，夢追い人であるあなたにとって，また子どもたちの創造力をかきたて奮いたたせるような意義深い教育目的を提供したいと願っている人たちにとっては，特に興味深い内容であるだろう。オリンピックカリキュラムは，まさにそのことを実現させる。

第 10 章

スポーツ教育における信頼できる評価

ダリル・シーデントップ（オハイオ州立大学）

　大部分の体育教師は，評価・評定を行う責任を担っている。成績をつける期間は，学年度の重要な区切りとなる。体育の成績がどのようなデータにもとづいて記録され報告されるかは，学校によって違う。例えば，学習成果の公的評価は行わず，出欠，服装，態度で評価・評定している場合がみられる。多くの学校では，どれほど体力や技能が向上したかということではなく，授業によい態度で臨んだかどうかで成績がつけられている。体育教師の中には，客観的なデータを得るためにスキルテストやフィットネステストを行っている場合もみられる。いずれにせよ，体育教師たちが学校の諸問題について論議する際，最も意見が分かれるのが評価・評定の問題である。

　体育授業で実施されている最も一般的な評価法は，単元終了時の評価である。それは，スキルテストやペーパーテストであったり，教師の総合的で主観的な評価であったりする。しかし，一般には，出席表と服装に関するデータ以外の方法が，単元全体の評価法として検討されることはまずない。そのため，生徒が評定を受け取っても何が評定に反映されたのか，あるいはそれがどのような方法で評価されたのか，ほとんどわからないままになっている。これに対してスポーツ教育は，通常みられる方法に比べて，より信頼できる評価法を適用する。

1．信頼できる評価

　過去10年間を振り返ると，より信頼できる評価を生み出すための努力が積み重ねられてきた。それは，「評価は適切かつ重要な学習成果と直接関係すべきである」という新しい評価システムの提案に連動するものであった。例えば，「書く」ということに関していえば，多くの選択肢から答えを選ばせるようなテストを実施するよりも，エッセイや物語を書かせるようなテストが推奨されるようになっている。体育でもある領域では，信頼できる評価が何年にもわたって行われてきた。例えば，水泳の授業で，目標がクロールでプールを1往復するという場合，評価は実に簡単であり，クロールでプールを1往復させるということになる。しかも，このことは重要かつ適切な成果である。というのも，プールで一往復泳ぐことができるということは，他の異なった環境でも独力で同じように泳ぐことができる能力を有している，と判断できるからである。

　それ以外の体育の評価法は，あまり信頼できるものではない。特に，スキルテストはそうである。例えば，テニスの壁打ちをフォアハンドストロークのスキルテストとして課した場合がそうである。この種のテストは，テニスの単元で成績をつけるための評価法としてよく使われる。しかし，授業の目標はテニスのプレイの学習であって，壁に向かってラリーを続けることではない。いくら壁打ちがうまくても，それはゲームがどの程度できるかどうかを判断する指標としては不適切である。また，バレーボールのスキルテストで，山なりのボールをアンダーハンドパスで返すという場合も同様に問題がある。こういったスキルが実際のゲームやサーブをレシーブするときに必要とされるスキルと同じものだろうか。そのようなスキルは，明らかにゲームの中で用いられることはない。

　ほとんどのスキルテストは時間がかかるにもかかわらず，主要な学習目標とあまり関連していない。確かにスキルテストは技能の発達レベルを客観的に測定できる数値や得点を生み出すが，例えその数値や得点は客観的であっても，

評価対象とされたスキルそのものが不適切なのである。これに対してスポーツ教育は，その実践に対応したより信頼できる評価法を提供する。

2．スポーツ教育での評価

　本書の各章で，信頼できる評価法が示されている。それらは，すべてスポーツ教育シーズン中での決まりきった活動の一部分になっている。スポーツ教育モデルでは，授業の目標に対応して，生徒のパフォーマンスを評価する方法が紹介されている。それらは，評価や評定にも活用できる。

- 小学校での器械運動モデルでは，児童の競技レベルを判断するために技能のチェックリストが使用されている。このチェックリストは，評価の目的のためにも活用できる。チェックリストに記入された内容は，器械運動の技能的進歩やその時点での技能レベルを示すことになる。
- 小学校の器械運動モデルでは，競技会での児童の演技が教師によって評価されるが，それは学習成果を評価するためにも利用できる。この演技は美的効果を生み出すために一連の技をつなぎ合わせたものであるが，それは，器械運動の世界で直接意味をもつパフォーマンスであり，器械運動教育における信頼できるパフォーマンスの目標でもある。
- いくつかのモデルでは，プレイのし方や審判のし方に関する記述テストが実施されている。
- 中学校のバレーボールモデルでは，生徒たちは毎日，一生懸命，技術練習に取り組む。その際に，キャプテンがその練習に関わって記録をつけている。これら日々のパフォーマンスの記録は集積され，そのシーズンのパフォーマンスとして総括される。それは，評価のための有効な資料にもなる。これらの記録が，シーズン中のパフォーマンスの伸びや絶対的なパフォーマンス・レベルを示すことになるからである。
- 高校のフィットネスモデルでは，毎日あるいは毎週チャレンジする機会が設定され，シーズン中の最高記録が残されていく。教師が評価を行うために，

これ以上に望ましいデータはない。これらの記録は，シーズン中の体力の伸びや絶対的なパフォーマンス・レベルを確認するために利用されることになる。
● 高校のカリキュラムモデルでは，スポーツ教育シーズンのコース目標は，その目標評価法に対応して提示される。しかも，これら評価のためのデータ収集は，スポーツシーズンにおける正規の学習活動の一部として位置づけられている。

3. スポーツ教育における評価システム

　小学校の教師たちは，スポーツ教育の成果を判断する方法として，シーズンを通してのポイントシステムを好んで用いている。評価に関わって，これらのポイントシステムのもつ利点は，次の2つである。第1は，ポイント獲得のためのデータ収集が児童によって行われるということである。例えば，キャプテンがシーズン中，毎時間チームの出欠状況や服装について報告する。また，記録係が書きとめた試合の記録は教師に報告される。そのため，教師が評価活動に費やす時間が大幅に削減できる。
　第2は，教師が評価に値すると考えているほとんどすべての活動が，ポイントシステムに組み込まれているということである。例えば，小学校のモデルでは，児童が授業で設定された課題に従事していた場合，チームで適切なウォームアップをしていた場合，休み時間に練習をしていた場合等々に，ポイントが与えられる。また，これまでの各章から明らかなように，小学校の教師たちは，協力，フェアプレイ，課題従事といった社会的な目標が体育プログラムの成功に不可欠な要因であると考えている。スポーツ教育モデルは，これらの目標に関係するパフォーマンスを評価し，記録するシステムを提供する。
　子どもたちの年齢段階が上がると，評価法や利用されるデータは，より洗練されたものになる。9章で示されている中学校のモデルでは，コースの目標が明示され，その評価法が目標に対応して示されている。この評価システムの主な特徴は，評価ストラテジーの中にスポーツ教育の目標がすべて組み込まれて

いることである。例えば，生徒たちは，審判をしたり，得点係をする際にも評価される。しかし，それらの行動に対する評価は，試合場面で示される技能や戦術能以上に評価されるわけではない（p.146を参照）。これらに関するデータは，当然，シーズン期間中に生徒が収集することになる。試合ごとのデータは，試合に出ていない生徒の選択課題（役割）の１つとして記録・収集される（p.147～p.148を参照）。そして教師は，これらのデータを評価のために活用することになる。なお，生徒がこれらのデータの記録・収集に真剣に取り組むには理由がある。第１は，これらの役割の遂行自体が評価の対象になっているためである。第２は，一層重要なことであるが，仲間からの要請が強いためである。すべてのチームプレイヤーは，それぞれ自分がどのように行っているのか，また自分のチームが集団としてどのように行っているのか，知りたいと思うものであり，したがって，彼らは正確な記録や最新のデータを強く期待する。

　スポーツ教育において明らかな点は，価値があると考えられたことがらを，その目標の中に組み入れる独自のシステムをつくり出してきたことである。確かに，紹介されたそれぞれのモデルをみれば微妙な違いがみられる。しかし，それらは次の点で基本的に共通している。すなわち，生徒がデータを収集し記録していること，フェアプレイや協力的な行動といった社会性の目標が強調されていること，さらに単元の最後に評価したりスキルテストを実施したりするのではなく，定期的にパフォーマンスを測定し記録を残していることである。このように，スポーツ教育は体育授業における信頼できる評価を子どもたちに提供する方法を備えている。何も特別なことを行う必要はない。このモデルを実際にやってみるだけでいい。子どもたちは，スポーツ教育においてパフォーマンスを観察し，記録することを価値のある学習内容として学ぶ。これらのデータはさまざまな目的に利用できるが，それらが評価・評定のためにも重要であることは明白である。

　次章では，スポーツ教育モデルをどのように拡大・発展させることができるのか，具体的には，いかにすれば，オリンピズムに内在する崇高な教育目標をスポーツ教育目標の中に組み入れ，多文化教育や国際教育のために役立てることができるのか，このことについて述べることにしたい。

第11章

スポーツ教育の拡大：オリンピックカリキュラム

ダリル・シーデントップ（オハイオ州立大学）

　学校は，政治・経済の世界からの新たな要求によって変化し始めている。体育が21世紀の学校カリキュラムの中で生き残ろうとするのであれば，体育もまた変化しなければならない。また，体育カリキュラムが確実な成果を収めていくには，生徒と教師の双方にとって創造力をかきたてるものでなければならないし，主要な教育目標の実現に寄与するものでなければならない。これらの目標とは，世界をよりよく理解すること，多様な文化を理解し尊重できること，作業集団の中でリーダーとしてまた協力的なメンバーとして活動できる能力，そしてさまざまな障害や挫折を乗り越えて我慢強く課題に取り組む能力等々である。体育にとって幸いなことに，スポーツをベースにした教育運動が存在する。それは，これらすべてのチャレンジや目標を満たすように検討されてきたものである。その教育運動こそがオリンピズムである。

　オリンピズムは，子どもや若者の教育に役立つ体育カリキュラムを作成する際に，きわめて刺激的で重要なコンセプトを提供してくれる。例えば，オリンピック憲章の第1原則には，オリンピック運動の目的が次のように記されている。「スポーツを通して若者が互いによりよく理解でき，友好を深めるように教育する。したがって，それはより平和な世界の構築に寄与するものである」(United States Olympic Committee Education Committee, p.13)。21世紀に向けて，世界はますます相互依存の関係を強めている。その意味では，今日ほどこの教育目標が重要になった時代は歴史上みあたらない。

　オリンピズムは，オリンピックの信条を子どもや青少年の現実生活の一部分

にすることでもある。「オリンピック大会で最も重要なことは勝つことではなく，参加することである。それは人生で最も重要なことが勝利ではなく，努力することであるのとまったく同じである。大切なことは勝ち続けたかどうかではなく，よく戦い続けたかどうかである」(United States Olympic Committee Education Committee, p.17)。参加すること，障害を克服していくこと，自己のベストを尽くすこと，これらは多くの体育教師たちが価値を認める資質である。オリンピズムでは，これらの資質が教育プログラムの中核に据えられる。

1. スポーツ教育を支えるオリンピズム

　本書で紹介したスポーツ教育モデルは，実際，教師や生徒を夢中にさせることができた。これまでスポーツ教育の多様な適用例を述べてきたが，このモデルは，さまざまな異なったスポーツ，フィットネス活動，学年段階，そして学校のスケジュールに適用できることを示している。スポーツ教育は，スポーツによって最高のものを生み出し，それをすべての生徒が入手できるように努める。本章では，オリンピックカリキュラムをつくり出すためにスポーツ教育モデルをどのように拡大・発展させていくべきか，またオリンピズムの目的・目標をどのように活用すべきかについて述べる。

　大部分の生徒や教師は，史上最大のスポーツ祭典であるオリンピック大会については詳しく知っていることであろう。しかし，オリンピズムと呼ばれる教育運動を知っている者は，ごく少数に過ぎないと思われる。この言葉は，近代オリンピックの創始者，クーベルタンが教育改革計画を促進するために用いたものである。それは，当初，学問的研究，美的教育，倫理教育および体育を統合しようとした教育哲学を表す概念であった (Lucas, 1981)。そして，これらの統合を促す媒体がスポーツであった。したがって，スポーツ教育という言葉は，オリンピズムの概念を踏まえた現代的な体育カリキュラムを表すための適切な表現であるといえるだろう。

　オスターハウト (Osterhoudt, 1981) は，「オリンピズムは，スポーツの教

育がその可能性を最大限に開花させる運動である」と述べている。

> オリンピズムは，すべてのスポーツ，そして人間のあらゆる努力に報いる賞賛と栄誉とを体現するものである。この主張は，オリンピズムが他に比類なく，かつ深遠で崇高な理念に由来し，人間にとって最良のものであるという考えによっている。スポーツに関わるムーブメントの中で，オリンピズムほど人間の生き方の根本と完全に結びついたものはない。また人間の理想の意味をこれほど完全に捉えたものもない。オリンピズムは，他のいかなる現代的なイベントよりも，スポーツのもつ人間的可能性をより完全なかたちで実現させてきた（Osterhoudt, 1981, p.354）。

オリンピズムの考え方は，教師たちを熱中させる魅力を備えており，子どもたちの取り組む体育授業に教師自身が没頭するに足る意義や根拠を与えてくれる。それはまた，生徒に最善を尽くすように鼓舞する魅力を備えている。

2．オリンピックカリキュラムの目的・目標

　本書は，スポーツ教育モデルが，スポーツやフィットネスの領域において子どもたちをより完全に教育できることを明らかにしようとしている。また，具体的な「役割行動」を通して個人の責任感が向上することや，スポーツシーズン中，チームへの所属を固定することによって集団内でうまく行動できる能力が育成されること，について述べている。これに対してオリンピックカリキュラムは，このスポーツ教育モデルを拡大・発展させ，オリンピック憲章やオリンピックの信条にみる高遠な価値観が子どもたちの生活においてより重要で，意味深いものになるように努める。このことを実現するために，オリンピックカリキュラムは，スポーツ教育モデルの中に，平和教育，国際教育，多文化教育および美的教育を組み込んでいる。
　オリンピックカリキュラムでは，モラルや倫理的行動が強調される。特にそれがスポーツに適用される際には，個人間，集団間，国家間の友好と平和がその中核に据えられるという意味で，平和教育が組み入れられる。それは直接的には，人格的コントロールによって，また強力な個性をもちながら協力的集団

の中での生産的な成員になることによって達成される。発展的なレベルでいえば，生徒たちが人種，民族，文化的に異なる集団や国家間の関係について理解したり，自分たちのもつ資質（人格的コントロールや集団成員としての態度）をそのような国際的関係にまで拡大し，適用したいと願うようになることによって実現される。

　オリンピックカリキュラムは，生徒たちがオリンピックファミリー（オリンピック参加国）に属する国民についての知識を豊かにしたり，各国民が相互に協力し合うことの必要性を強調することを通して，国際教育を組み入れる。それはまた，オリンピックファミリーの民族，宗教，人種の違いに関する知識を豊かにしたり，それぞれの特性をもつ人々への敬意を育むことを通して，多文化教育にも焦点をあてる。端的に，世界中の人々の多様性に対する寛容と敬意を教えようとする。美的教育は，スポーツの美，運動している人間の身体美，そしてオリンピズムの目的に関連して，これらを支援する音楽，美術，文学に焦点をあてる。これらさまざまな要素は，互いに排除し合うものではない。遠く離れた国民の音楽や美術は，オリンピズムの美的側面に寄与するだけでなく，多文化教育や国際教育の側面にも寄与するものである。

　オリンピックカリキュラムの主な目標は，次の通りである。
- 有能で，教養があり，熱情的なスポーツ人を育てること（これらスポーツ教育の目標に関する詳しい説明は p.17～p.18 を参照のこと）。
- 自己責任感や目標実現に向けて努力する能力を育成すること。
- 共通の目標実現に向けて集団内で効果的に行動できること。
- 文化，民族および人種の違いを理解し，尊重すること。多様性を価値あるものとみなすこと。より平和な世界の実現に向けて努力するようになること。
- 運動している人間の身体の価値や美について理解し，敬意を払うこと。競技において協力的に活動することの美的価値について理解し，敬意を払うこと。オリンピズムの目的を支援し，それに関与する音楽，美術および文学の様式について理解し，それらを尊重すること。

　オリンピックカリキュラムはどの学年段階からでも適用できる。しかし，認識やモラルの発達という観点からみて，このような目標が極めて重要になると

いう意味では，小学校高学年から実施するのがよい。本書のスポーツ教育モデルで紹介したように，オリンピックモデルもまた，より簡易化したバージョンで行うことができる。しかし，学校の教師全員がこのカリキュラムを活用し，その実現に向けて努力している場合にこそ，このカリキュラムが体育の中心的なテーマとなり，その影響力も一層強くなろう。このカリキュラムが学校を超えて，地域的な広がりをもてば，影響力はさらに大きなものになるだろう。

3．オリンピックカリキュラムの構成原理

　オリンピックカリキュラムの構成原理は，大部分，スポーツ教育のそれと同じである。ここではオリンピックカリキュラムの構成原理を再確認するが，より詳しい解説については第1章と第2章を参照していただきたい。オリンピックカリキュラムの構成原理は，次の通りである。

- 単元は一般的な体育授業に比べて長い。それは単元というより，むしろシーズンといった方がよい。
- シーズン期間中，生徒はチームに所属する。そのことによって，生徒の人格的成長やグループの目標が達成される。
- 公式戦の日程が組まれる。そのことによって，チームに対してさまざまな選択肢（技術，戦術，練習の方法）が与えられ，またそれらの向上に対して報償が与えられる。
- シーズンを締めくくるクライマックスのイベントが設定される。それは祭典性を備えた終わりのイベントであり，そこでは，表彰が行われたり，多くの人から承認が得られたりする。
- 参加することに価値が認められ，成功がさまざまな形で賞賛される。祭典的な雰囲気が生み出され，維持される。
- チームや個人のパフォーマンスが記録され，共有される。
- 成功裡なスポーツ経験を生み出すための不可欠な役割行動に習熟していく。それは，審判，記録係，コーチ，トレーナー，広報係，マネジャー等々の役割行動である。

スポーツ教育をオリンピックカリキュラムに発展させていくには，これらスポーツ教育で要請される原理の他に，次のような原理が必要になる。
- シーズン期間中，チームはオリンピックファミリーの国を代表する。したがって，個々のチームは，シーズン期間中，ナショナルチームを名乗るようにする。
- 人格的成長や集団的活動のためのいくつかの具体的モデルが採用され，報償システムや承認システムに組み込まれる。
- 時間と条件が許せば，社会科，美術，音楽，文学および国語との合科教育を進める。
- オリンピックプロトコル（開会式や閉会式，表彰式等の儀式形式やプログラムのこと）にもとづいて，祭典的雰囲気を生み出す。

4．オリンピックカリキュラムの標準的なフォーマット

　異なった学年段階や異なった地域では，体育のフォーマットも異なって計画されるので，オリンピックカリキュラムを実践するためには柔軟な適用方法が求められる。スポーツ教育モデルでの経験にもとづいていえば，その主な構成原理が保持されていれば，基本的な目標を実現するために多様なフォーマットが活用できる。なお，以下に紹介する標準的なフォーマットは，個々の教師によって，また体育科全体で，あるいは学校区全体で使用されたものである。

■年間カリキュラムの作成
　1学年次を4ないし5シーズンに分けるようにする。そのようにすると，1シーズンが7～9週間続くことになる。ここでの選択は，たいてい学校全体のスケジュールによって規定される。特に教師に評定が求められる場合には，学校の評定の時期とスポーツシーズンとを一致させると効率がよいので，評定の時期にあわせて年間計画が立てられる。なお，「シーズン」という長さは，オリンピックカリキュラムの多様な目標を達成するうえで十分であるといってよい。

■ナショナルチームとして固定する

　スポーツ教育では，生徒はチームのメンバーに所属するが，オリンピックカリキュラムでは各チームが国を代表する。チームの決定方法は，第2章や本書のさまざまな箇所で説明してきたようにさまざまであるが，いったんチームが確定されると，そのチームはオリンピックファミリーの国家名を名乗ることになる。しかも，個々のチームは，異なる大陸の国家を名乗るようにする。スポーツ教育で通常用いられる3チーム方式を採用するなら（p.44を参照），この3チームはそれぞれ異なる大陸を代表すべきである（オリンピックシンボルの5つの輪は，オリンピックファミリーが所在する5大陸を意味している）。どの国を選択するかは各チームで決めてもよいし，教師が国を割りあててもよい。このようにして，すべての競技会や記録は，ナショナルチームによって組織される。なお，最初にチームが決めた国名は，その学年期間中，変更することを認めるべきではない。また学校をあげてオリンピックカリキュラムを実施する場合，シーズン期間中は国を固定した方が都合がよい。というのも，各種の資料を使う際にも関連が図れるし，体育館を容易に祭典の場に設定できるからである。また，授業時間以外にも，活動を広げやすくなる。例えば，中学校3年生のサッカーシーズンで，アフリカ大陸のジンバブエが選ばれたとする。そうすれば各クラスから，ジンバブエを代表する全チームが集まって，ジンバブエの代表を決める校内大会が開催できる。

■オリンピック委員会

　多くの教師はスポーツ教育モデルの特性として，スポーツ委員会やスポーツ会議をあげた。このような組織は，中学校や高校で特に有益である（p.46を参照）。というのも，この組織が設けられることにより生徒が主役になり，生徒自身が意思決定を行ったり，もめごとを処理するシステムが確立されるからである。これらの活動は，カリキュラムの目標である人格的成長を促すものでもある。オリンピックカリキュラムでは，オリンピック委員会がこのような組織的機能を担うことになる。

■スポーツ種目の決定

　シーズンごとに，取り扱うオリンピックのスポーツ種目を変えるようにする。しかし，どのようなスポーツ種目を採用するかは，それぞれの教師，学校

あるいは地方に任される。なお，種目の決定に際しては，そこで育成できそうな筋力，技能，戦術能および美的資質が異なる種目を選ぶようにすべきである。また，スポーツ教育と同様に，生徒の積極的な参加を保障するために，少人数で行える修正されたスポーツを用いることが望まれる。それらは，技能や戦術能の向上だけにとどまらず，すべての生徒が積極的に参加することを可能にする。

■国際教育，多文化教育および美的教育の目標実現に向けて理論学習を取り入れる

　生徒たちは，シーズン中，自分たちが代表する国や他のクラスメイトたちが代表する国について学習する。このようにして，オリンピックカリキュラムに社会科，美術，音楽および文学を取り入れることが可能になる。ナショナルカラーや国歌が祭典的な雰囲気を盛り上げるために利用される。また，さまざまな国の音楽，美術，詩が取りあげられたりする。これらの学習の大部分は宿題として与えたり，また学級担任の授業に組み込むことができる。生徒たちはまた，それぞれの国の国技やスポーツに関連する著名な人物について学習する。あるいは，生徒たちがプロジェクトとして自分たちのオリンピック賞を制作することもできる。

■カリキュラムに人格的発達を目標として位置づける

　オリンピズムは，より平和な世界の創造，協力，友好的な競争，そしてベストを尽くすこと等を学ぶのに役立つ。人格的発達や社会性の発達は，オリンピズムの中核的目標に据えられる。スポーツ教育モデルを用いた教師たちは，その最も重要な成果が，チーム内での役割行動に責任をもつことによって培われる社会性の発達にあると述べている。したがって，同じ形式を用いるオリンピックカリキュラムでも，人格的発達や社会性の発達を期待することができる。あなたもまた，これらの発達目標をカリキュラムに位置づけることで，それらを一層強調させたいと考えることだろう。このことを可能にする方法は数多くある。ヘリソン（Hellison, 1976, 1983, 1984）の社会性の発達に関する研究は，個人的・社会的責任を段階的に増やしていく多段階モデルを提示している。図11.1（次頁）はヘリソンによる小学校体育のモデル例である。表11.1は中学校や高校用の応用例である。

2番目のアプローチは，フェアプレイヤー・システムを強調し，これを実質的に意味をもつ形式として確立することである。表11.2は，フェアなプレイヤーとアンフェアなプレイヤーの特徴を示したものである。図11.2は，「フェアプレイ・カナダ」が作成したフェアプレイの同意書である。さらに，図

表11.1　ヘリソンによる中学校及び高校の体育で用いられる責任のレベル

レベル0：非メンバー
- よく休んだり，遅刻したりする。
- チームメイトをののしる。
- 練習の邪魔をする。

レベル1：消極的メンバー
- 休んだり，遅刻する。
- 練習には熱心ではないが，チームメイトをののしったり，練習の邪魔をしたりしない。

レベル2：メンバー
- よく参加する。
- コーチすることができ，練習にも取り組む。
- チームメイトをののしったり，練習の邪魔をしたりしない。

レベル3：自立的メンバー
- よく参加する。
- コーチすることができ，練習にも取り組む。
- チームメイトをののしったり，練習の邪魔をしたりしない。
- 自分の目標をもち，目標に向かって主体的に活動できる。

レベル4：指導的メンバー
- よく参加する。
- コーチすることができ，練習にも取り組む。
- チームメイトをののしったり，練習の邪魔をしたりしない。
- 自分の目標をもち，目標に向かって主体的に活動できる。
- 友達を上手に助けるスキルを身につけている。例えば，ヒントを与えたり，観察して適切で肯定的なフィードバックや賞賛の言葉を与えることができる。
- チームワークをうまく発揮させることができる。
- プレイヤーの声に耳を傾け，彼らの気持ちや要求に気を配る。
- 自分自身のことよりも，プレイヤーたちのことを優先させる。
- よいコーチに必要なものは，バスケットボールがうまいかどうかではなく，上記の資質を備えていることである。このことをよく理解している。

注：この表は以下の文献から引用したものである。"Teaching Values Through Basketball" by D. Hellison and N.Georgiadis, 1992, Strategies, 5(4), pp. 5-8.

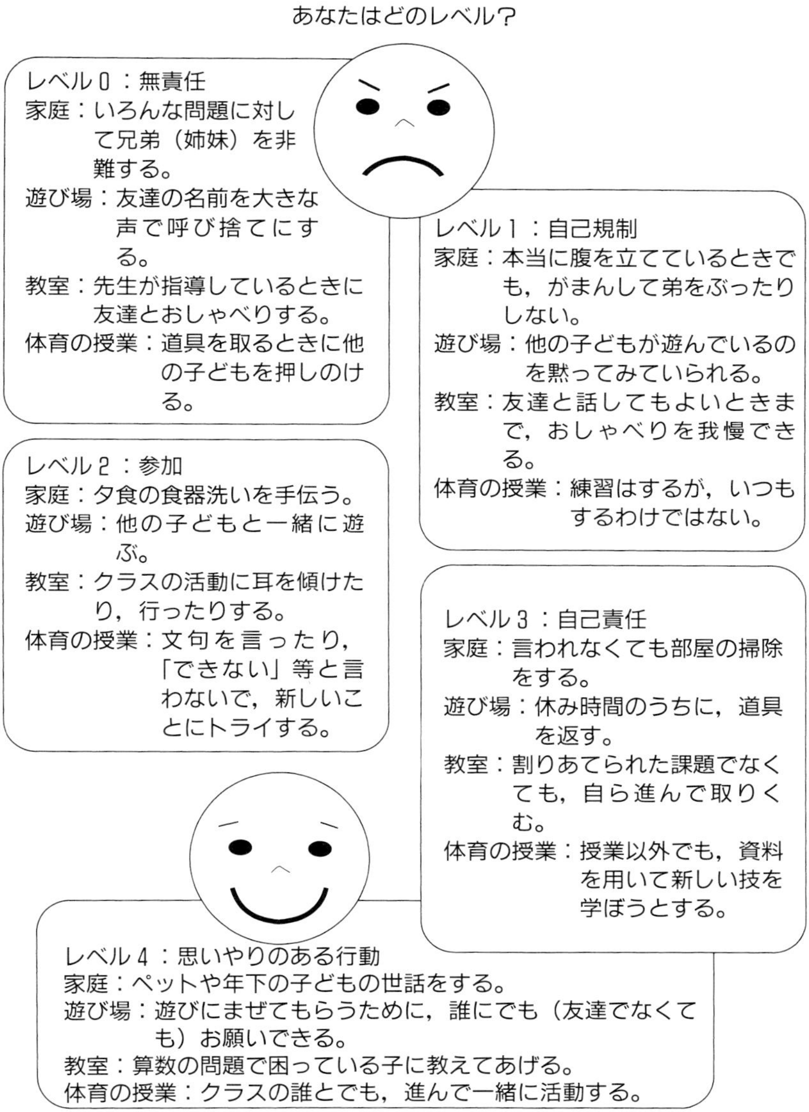

スポーツ教育の拡大：オリンピックカリキュラム　167

あなたはどのレベル？

レベル0：無責任
家庭：いろんな問題に対して兄弟（姉妹）を非難する。
遊び場：友達の名前を大きな声で呼び捨てにする。
教室：先生が指導しているときに友達とおしゃべりする。
体育の授業：道具を取るときに他の子どもを押しのける。

レベル1：自己規制
家庭：本当に腹を立てているときでも，がまんして弟をぶったりしない。
遊び場：他の子どもが遊んでいるのを黙ってみていられる。
教室：友達と話してもよいときまで，おしゃべりを我慢できる。
体育の授業：練習はするが，いつもするわけではない。

レベル2：参加
家庭：夕食の食器洗いを手伝う。
遊び場：他の子どもと一緒に遊ぶ。
教室：クラスの活動に耳を傾けたり，行ったりする。
体育の授業：文句を言ったり，「できない」等と言わないで，新しいことにトライする。

レベル3：自己責任
家庭：言われなくても部屋の掃除をする。
遊び場：休み時間のうちに，道具を返す。
教室：割りあてられた課題でなくても，自ら進んで取りくむ。
体育の授業：授業以外でも，資料を用いて新しい技を学ぼうとする。

レベル4：思いやりのある行動
家庭：ペットや年下の子どもの世話をする。
遊び場：遊びにまぜてもらうために，誰にでも（友達でなくても）お願いできる。
教室：算数の問題で困っている子に教えてあげる。
体育の授業：クラスの誰とでも，進んで一緒に活動する。

図11.1　ヘリソンによる小学校体育プログラムのためのレベル
注：本図は全米保健体育・レクリエーション・ダンス連合の機関誌（JOPERD）1990年9月号，18～19頁から転載したものである。

表11.2　フェアなプレイヤーとアンフェアなプレイヤーの特徴

フェアなプレイヤーの特徴	アンフェアなプレイヤーの特徴
・ルールに従う。 ・審判の判定を受け入れる。 ・他の人のよいプレイをほめる。 ・チームメイトを励ます。 ・自分のポジションでプレイする。 ・技能の低い仲間を助ける。 ・勝ち負けにこだわらない。 ・技術の応用に努める。	・他の人のプレイを批判する。 ・審判をののしる。 ・他の人の失敗を責める。 ・他のプレイヤーをこき使う（ボス的行動）。 ・ポジションを逸脱し，ゲームを支配する。 ・技能の低い人をからかう。 ・勝てば満足するが，負ければふてくされる。

注：表11.2は以下の文献から修正して引用したものである。
Fair Play in the Gym: Race and Sex Equity in Physical Education (pp. 132-133) by P. Griffin and J. Placek, 1983, Amherst: University of Massachusetts, Women's Equity Program. Copyright 1983 by Pat Griffin.

11.3は，ニュージーランドの「ヒラリー委員会」が作成したフェアプレイの指針である。このようにフェアプレイシステム自体は多様なものが考えられるが，それらのシステムを活用する際には，教師が発達させたいと考えている肯定的な行動の特徴や，回避したいと考えている特徴を明確に示すことが大切である。それらの特徴は授業中にも活用できるし，目標に関わるフィードバックとしても利用できる。また，これらを報償および表彰システムに組み込むこともできる。

■オリンピックの祭典的な雰囲気を生み出す

　オリンピック運動では多様なシンボルや儀式が活用されている。そして，祭典的な雰囲気を生み出し，それを維持するために，こういったシンボルや儀式をオリンピックカリキュラムに組み込むことはそれほど難しいことではない。オリンピックの五輪マークやオリンピックの信条を体育館に大きなポスターとして貼り出すことや，シーズン開始前に選手宣誓や審判の宣誓を行うこと等は，その好例である。シーズン終了前にオリンピック賛歌を歌うのもよいだろう。この他，祭典的雰囲気を生み出し，また維持するために，ナショナルチームの属する国のさまざまな関連資料を活用することができる。つまり，ナショ

フェアプレイの同意書

プレイヤー用	教師用
私，＿＿＿＿＿＿は，以下のことに同意します。	私，＿＿＿＿＿＿は，以下のことに同意します。

・常にルールに従ってプレイする。 ・審判と喧嘩しない。 ・スポーツを楽しむためにプレイしていることを忘れない。 ・自己のベストを尽くす。 ・よいプレイやよいプレイヤーを認め，賞賛する。 ・冷静にプレイし，自慢しない。 ・どんなときでも，フェアにプレイする。	・生徒は楽しむためにプレイしていることを心にとめる。 ・生徒を励まし，前向きな提案を行う。 ・生徒にルールとその精神に従うように指導する。 ・審判がゲームにとって重要な存在であることを生徒に教える。 ・勝敗にこだわらない人になるように生徒を奨励する。 ・すべての生徒がプレイし，技能を学ぶ機会を与える。 ・自分の行動が言葉よりも大きな意味をもつことを心にとめておく。 日付＿＿＿＿＿＿＿＿＿＿

図11.2　フェアプレイの同意書
注："Fair Play—It's Your Call! : A Resource Manual for Coaches"（p. 25）by Fair Play Canada. 1993 から引用したものを修正。

ナルカラーや国旗を活用したり，自国の情報や写真を掲示板に貼らせたり，またセレモニーで国歌を斉唱するといった方法が考えられる。

　これらの標準的なフォーマットは，基本原則が踏まえられていれば，地域の特性に応じて修正してもよい。例えば，シーズンを少し短くする学校もあろうし，学期あるいは年間を通して同一チームに所属させるというケースもあろう（5章を参照）。あるいは，人格的発達を強調し，美的教育や国際教育をさほど重視しない教師もいるだろう。また，このカリキュラムの中に美術，音楽，文

フェアプレイこそスポーツの核心

フェアプレイとは行動のし方である。それには次のものが含まれる。
- 誠実さ
- チームメイトを敬うこと
- 勝敗に関わらず、相手を敬うこと
- 審判を敬うこと

プレイヤー規約
- 楽しさのためにプレイするのであって、先生や親を喜ばせるためにプレイするのではない
- いつもルールに従ってプレイする
- 審判と口論しない
- 自分の感情を抑える
- 勝敗にこだわらない
- すべてのプレイヤーと、自分が接してもらいたいように接する
- 先生、チームメイト、相手プレイヤーと協力する。その人たちがいなければゲームが成立しないことを理解する

図 11.3　フェアプレイの指針
注：Hillary Commission for Sport, Fitness and Leisure, Wellington, New Zealand.

学を完全に統合するのは難しいと考える教師もいるだろう。しかし、そのような若干の違いがあっても、オリンピックカリキュラムがめざす目標の実現に対しては何ら損なうものではない。

　まず、オリンピックカリキュラムの基本モデルにもとづいて着手し、これをうまく実践し、次に生徒がこのカリキュラムに慣れ、教師もこのモデルをさらに発展させていくために必要な資料作成の余裕が生まれたところで、新しい段

階に進んでいくのが賢明であろう。例えば，代表国に関する情報を収集するプロジェクトを実施したとすれば，翌年にはそのプロジェクトの成果を活用することができる。このようにしながら，オリンピックカリキュラムに関わった手持ちの資料が蓄えられていく。また，教師たちがオリンピックカリキュラムについて研鑽を積むと，美術，音楽，文学および社会科といった教科でのプロジェクトや作業と関連づけて，いかにすれば全体目標の実現に寄与できるのか理解できるようになる。

5．報償，評価，表彰システム

　オリンピックカリキュラムでは，報償，評価，表彰システムが完全に統合される。つまり，報償システムが目標達成への意欲を生み出すし，生徒のパフォーマンスは，進歩や向上の度合いを評価するためのデータになる。通常用いられているもの以上にオーセンティックな評価が適用される（10章を参照）。そして，これらの基準を踏まえて進歩や課題が達成されたときにさまざまな賞が与えられる。

　金，銀，銅という，オリンピックにみられる伝統的な表彰が，オリンピックカリキュラムでは効果的に活用される。しかし，具体的な表彰は，他人との競争の結果よりも，むしろ課題を達成したか否かという基準に照らして与えられるべきである。また，課題は，どの生徒も達成可能なものでなければならない。キャプテン賞，フェアプレイ賞，技能向上賞，努力賞等，本書で紹介したさまざまな賞は，金，銀，銅というように，生徒の達成状況を示すレベルで設定するとよい。なお金，銀，銅というシステムは，このカリキュラムで実施される公式戦の表彰にも適している。というのも，3チーム形式で授業を展開している教師が多いため，このシステムを採用すれば，どのチームも受賞できる道が開かれる。

　人格的発達という目標もまた，表彰システムに組み込まれるべきである。そのことは，人格や社会性の発達も金，銀，銅の3つのレベルで評価されることを意味している。

スポーツ教育では、広報係や記録・統計係等の役割行動を組み込む教師が多かった。それは、生徒たちが円満かつ効果的にシーズンを過ごせるようにするための役割であった。また、各チームから1，2名を報償委員会に選出し、そのメンバーたちに委員として働いてもらうことも有効である。彼らに報償システムのさまざまな観点から、例えばキャプテンの認定書やフェアプレイ賞の金銀銅のピンやメダルに至るまで、報償となる賞品をつくらせるのである。なお、このような授業外の課題にしっかり取り組ませるには、シーズンの長さが極めて重要になることを強調しておかなければならない。

6．祭典的雰囲気を演出するためにオリンピックプロトコルを活用する

スポーツ教育では、スポーツの参加から得られる進歩、達成、そして喜びを祝う祭典的な雰囲気の演出とその維持が基本原理であった。その実現に向けて実に多様な方法が活用されていた。例えば、掲示板、ポスター、スポーツのニュースレター、学校新聞のコラム、廊下の掲示、チームカラー、クライマックスとなるイベントでのセレモニー等がそれであった。

オリンピックカリキュラムでは、オリンピックプロトコルをできる限り活用するのが有益である。オリンピック運動のシンボルは、オリンピズムの目標を実現するために慎重に選ばれたものである。オリンピック旗の大陸を表す5つの輪は相互に結びついており、5大陸の団結とフェアプレイ精神のもとに世界中の競技者が参集することを意味している。平和の象徴であるハトは、オリンピック大会の開会式の一部に利用されている。オリンピックトーチの絶えることのない炎は、平和が永遠に続くことを象徴している。

主要なオリンピックシンボル（その名称，五輪のマーク，標語等）は、1978年制定のアマチュアスポーツ振興法によって擁護されている。アメリカ合衆国オリンピック委員会（USOC）は、オリンピック運動に関わる名称やシンボルの使用を認可する唯一の組織である。そして、USOCはオリンピックの理想やオリンピズムの理解を深める目的であれば、学校が教育目的でこれらを使用することを認めてきた（United States Olympic Committee Education

Committee, p.15)。したがって，教師がオリンピックカリキュラムの中で，オリンピック運動のシンボルや理念を利用できるのは当然のことである。

　最後に，オリンピックカリキュラムを通して祭典的雰囲気を演出し，それを維持していくために，以下では，オリンピックのシンボルや用語に関する活用例をいくつか提案することにしたい。

- 大きなオリンピック旗を作成し，体育館の目につきやすい場所に掲げておく。そして，オリンピック旗が意味することについて説明する。
- 以下に示すオリンピックの信条を記した大きなポスターを作成し，体育館の目につく壁にとりつける。「オリンピック大会で最も重要なことは勝つことではなく，参加することである。それは人生で最も重要なことが勝利ではなく，努力することであるのとまったく同じである。大切なことは勝ち続けたかどうかではなく，よく戦い続けたかどうかである」(United States Olympic Committee Education Committee, p.17)。また，このことに関連して指導したり，フィードバックを与える際に，できるだけ頻繁にこの信条を利用する。この信条をオリンピックカリキュラムのめざす人格や社会性の発達に結びつけて指導する。
- シーズンの公式戦を開始する際に，選手の代表にオリンピックの宣誓を行わせる。また，別の代表に審判の宣誓を行わせる。
- 責任感のレベル，フェアプレイの内容（フェアなプレイヤーとアンフェアなプレイヤーの特徴），あるいはフェアプレイに関する契約事項等を，人格や社会性の発達に関わる目標として掲示する。
- クライマックスとなるイベントの開催に際して，各国の国歌を流しながら国を代表する選手として行進する。
- 国名が決まると，他の情報とともに国旗を掲示板に貼り出す。
- クライマックスとなるイベントの表彰式では，オリンピックの歌を適用する。それは，競技が国家間のものではなく，むしろチームやプレイヤー間のものであることを理解させるためである。

あとがき

　体育実践に直接役立つことをねらいにして本書を著した。教師は，毎日，毎時間，そして刻々，授業の準備や雑用に追われ，実に多忙な生活を送っている。多くの教科書は，教師に対して「もっと反省的であれ」と説いているが，多忙な教師にとって深く考えたり反省したりする時間を確保するのは大変難しい。とはいえ，わずかな時間であっても，体育教師がスポーツについて，またスポーツのもつ可能性について熟考し，反省的に思考するのは重要なことである。

　本書では，体育授業に適用する「スポーツ教育モデル」を紹介したが，スポーツが社会で果たす役割についても暗に示唆してきたつもりである。確かに，なぜスポーツがカリキュラムの中心に位置づくのか，その論理的根拠を説明するために紙面を割かなかった。また著名な知識人の多くが，スポーツの個人や社会に対する意義を重厚に語りかけているにも関わらず，そのことについても詳しく解説しなかった。

　しかしながら，このようなスポーツの哲学的問題について取り上げなかったからといって，私たちがそのことを軽視しているわけではない。スポーツは私たちの文化の中心に位置づいており，そのことの重要性を示す証拠は無数に存在している。スポーツはよくも悪くも子どもたちに多大な影響を与えるパワーを備えている。

　元エール大学学長で，後に野球のコミッショナーになったバート・ジアマッティー（Giamatti, 1989）は，彼の著作の中で「スポーツは人間の自由を表現するものである」と語っており，彼の論理は多くの学術文献の中で大きな支持を得ている。

　"そう！　ゲーム，コンテスト，あるいはスポーツが行われるときには，いつも自由という目的が繰り返し追求される。その目的とは，いかにすれば自由であるのか，いかにすれば完全であるのか，さらにいかにすれば関連しあいながら淀みや妨げなく統一されるのか，まさにそのような姿を表現することである。多種多様な約束事，儀式形式，そして網の目のように絡まり合った課題に

よって求められるスポーツの精巧さは，トレーニングの目的となり，厳しい試練を与えるが，同時に私たちに自由の瞬間を発見させる「感動的な動き」を報酬としてもたらす。この自由は，内から湧き出るエネルギーと秩序が溶け合い，あらゆる複雑さが１つの統一体に純化された状態である。もっといえば，強固な意志力と熱情に支えられて，各パーツの体力が１つに統一され，目標そのものの中に融合されるような状態である。"(p.104)

このような美しい言葉や崇高な理想と，５学年生や７学年生の子どもたちがバレーボール，テニス，器械運動といったスポーツを行ったり，その意義を学習したりしている現実の姿とを対比してみるとき，それらはあまりにもかけ離れているように思われる。しかし，このような教育的経験と，彼のいう「内から湧き出るエネルギーと秩序とが溶け合い，あらゆる複雑さが１つの統一体に純化された状態」との繋がりを生み出すことは，スポーツ教育の本質に関わる重要な部分である。このことに関わって，ニューヨークタイムスのコラムニストであるアンナ・クイントレン（Quindlen, 1992）の文章の中にも，同様の指摘がみられる。彼女は1992年のバルセロナオリンピック大会に際して迎えた40歳の誕生日に，自分の過去をノスタルジックに振り返りながら，少女時代のスポーツ経験で唯一の心残りが「ドリームチーム」のメンバーになれなかったことであると述懐している。

"かつてカトリックスクールの女学生だったころ，一冬中，校内競技会を通してバスケットボールに熱中した。その競技は男子のそれよりも小さなボールを使い，いくぶん緩和されたルールで行われた。私は得点数以上に遙かに多くのトラベリングを繰り返したけれども，そこでのスポーツの潔い態度，技能，チームワークといった何ごとにも代えがたいフィーリングを心の底から味わうことができた。ボールが手から離れ，すべての人の視線が空中で弧を描くボールを追い，吸い込まれるようにゴールの中に落ちていく。その瞬間の気分は例えようもない。やったー！ ボールが弧を描きながら待ちかまえているゴールネットに落ちていく瞬間，それは最適の言葉が紙面の上にぴたりと収まる瞬間に似て，永遠の生命を感じさせる瞬間である。"

もちろん，私たちは永遠に生きることなど到底できない。だからこそ，私たちにそのことを感じさせてくれる経験が大切にされ，保護されるのである。し

かし，肯定的な結果を生み出す可能性のある経験は，同時に退廃を生み出す可能性を備えている。このようなスポーツの肯定的な成果と否定的な成果とを見極める点にこそ，スポーツ教育の基本的な目的がある。実際，本書のはじめで指摘したように，スポーツ教育は，より多くの人々が否定的な影響によって危害を受けることなく，自由を経験することのできる機会が豊かに提供されるように，スポーツ文化を保護し，防御し，発展させようとする。

　本書は理論書ではなく実践書であるが，それでもきわめて重要な理論的問題に関心を向けている。スポーツの中で子どもたちを教育するための日々の努力は，子どもたちの生活おいても，また社会における集団的生活においても，一層大きな目標をもっていることが確認されるべきである。

　「みんなのスポーツ」は崇高な目標であるが，いまだ実現されているとはいえない。民族，性，社会的・経済的ステイタス，そして技能レベル等々の差異は，健全で誰もが参加できるスポーツを創出するうえでの大きな障壁になっている。すべての子どもたちに対して，個人的に満足でき，社会的にみて適切な「生涯スポーツ」に参加できるようにするためには，学校体育は今なお大きな可能性を備えた教育過程である。もしスポーツの教育が学校以外のスポーツプログラムに委ねられるなら，民族，性，社会的・経済的なステイタス，そして技能レベルの差異に起因して，スポーツはすべての子どもたちに享受されるものにはならないであろう。スポーツが「意味深い瞬間」や「価値のある経験」を生み出すパワーを備えていると考えるなら，スポーツ教育は，フェアで適切に営まれるような条件を確保する必要がある。このような意味で，私たちは，スポーツを学習したり楽しんだりする機会をすべての子どもたちに等しく保証するために，最大限の努力を払う必要がある。

　　　　　　　　　　　　　　　（オハイオ州立大学　シーデントップ）

参考文献

Canadian Commission for Fair Play. (n.d.). *Fair play for kids*. Minister of State for Fitness and Amateur Sport, Government of Canada.

Giamatti, A.B. (1989). *Take time for paradise: Americans and their games*. New York: Summit Books.

Grant, B. (1992). Integrating sport into the physical education curriculum in New Zealand secondary schools. *Quest*, **44**(3), 304-316.

Griffin, P., & Placek, J. (1983). *Fair play in the gym: Race and sex equity in physical education*. Amherst: University of Massachusetts, Women's Equity Program.

Hellison, D. (1978). *Beyond balls and bats: Alienated youth in the gym*. Washington, DC: American Alliance for Health, Physical Education, Recreation and Dance.

Hellison, D. (1983). Teaching self responsibility (and more). *Journal of Physical Education, Recreation and Dance*. **54**(7), 23.

Hellison, D. (1984). *Goals and strategies for teaching physical education*. Champaign, IL: Human Kinetics.

Hellison, D., & Georgiadis, N. (1992). Teaching values through basketball. *Strategies*. **5**(4), 5-8.

Hillary Commission for Recreation and Sport. (n.d.). *Fair play sport*. Wellington, New Zealand.

Lucas, J. (1981). The genesis of the modern Olympic Games. In J. Seagrave & D. Chu, *Olympism* (pp. 22-32). Champaign, IL: Human Kinetics.

Masser, L. (1990). Teaching for affective learning in elementary physical education. *Journal of Physical Education, Recreation and Dance*. **62**(7), 18-19.

Osterhoudt, R. (1981). Modern Olympism in the conjunction of nineteenth and twentieth century civilization: Olympism as the transformative concept of purpose and the human in modern sport. In J. Seagrave & D. Chu. *Olympism* (pp. 347-362). Champaign, IL: Human Kinetics.

Quindlen, A. (1992, July 12). Feeling fully 40, ex-ballplayer exults in Dream Team's excellence. *Columbus Dispatch*, p. 3H.

Siedentop, D. (1981, August). Must competition be a zero-sum game? *The School Administrator*, **38**, 11.

Siedentop, D. (1987). The theory and practice of sport education. In G.

Barrette, R. Feingold, R. Rees, & M. Pieron (Eds.), *Myths, models, and methods in sport pedagogy* (pp. 79-86). Champaign, IL: Human Kinetics.

Siedentop, D. (1990). Games as learning environments in physical education. *Sport Pedagogy* (pp. 111-124). Dankook, Korea: Sport Science Institute.

Siedentop, D. (1991). *Developing teaching skills in physical education* (3rd ed.). Mountain View, CA: Mayfield.

Siedentop, D., Mand, C., & Taggart, A. (1986). *Physical education: Teaching and curriculum strategies for grades 5-12*. Mountain View, CA: Mayfield.

Sweeney, J., Tannehill, D., & Teeters, L. (1992). Team up for fitness. *Strategies*, **5**(6), 20-23.

United States Olympic Committee Education Committee. (n.d.). *Olympic day in the schools: Focus on excellence*. Champaign, IL: Human Kinetics.

解　説
わが国におけるスポーツ教育の意義と実践的展開
　　　　筑波大学　　髙橋健夫

１．楽しい体育からスポーツ教育へ

　編者ダリル・シーデントップ教授は，私が最も強く影響を受けた研究者の1人である。彼と親交をもつようになってもう25年になる。はじめて彼の著書に接したのはカリフォルニア大学バークレイ校の図書館であった。彼は伝統的な体育カリキュラム論である「運動による教育論」，「体力論」あるいは「ムーブメント教育論」の限界を明確に指摘するとともに，新しい体育教科論をプレイ論にもとづいて見事に構築させていた。その論理的一貫性と切れ味のよい表現に魅せられ，すぐさま彼に手紙を送り翻訳出版を申し出た。この本を「楽しい体育の創造」（大修館書店）として出版できたのは1981年のことだった。
　シーデントップは，体育の基盤となる身体活動の本質的特性をプレイに求め，プレイにおける「意味のある経験」を子どもたちに最大限に味わわせるための体育カリキュラムモデルの構築をめざした。いうまでもなく，この立場が最終的にめざすところは，「みんなのスポーツ」「生涯スポーツ」という理念を学校体育実践に具体化することであった。体育の目的は，「競争的で，表現的な運動をプレイする性向や能力を向上させること」と規定され，これを受けて目標構造は図1のように描かれた。ここでいう「競争的・表現的な運動」とはスポーツとダンスをさしており，まさに「スポーツ教育」の提唱に他ならない，と考えた。
　1970年代は，ちょうど旧西ドイツでの体育の名称変更が世界的に注目されていた時期であった。西ドイツは，政治的・学問的理由から体育の名称を捨て，「スポーツ科学」や「スポーツ教育」の名称を採択するとともに，学校の教科名も「体育」から「スポーツ」に変更させた。「スポーツ教育」あるいは「スポーツ教育学」と題する著書が数多く出版されるようになった。しかし，その理論的内実は，これまでの体育の延長線上で論議されていて，スポーツ教

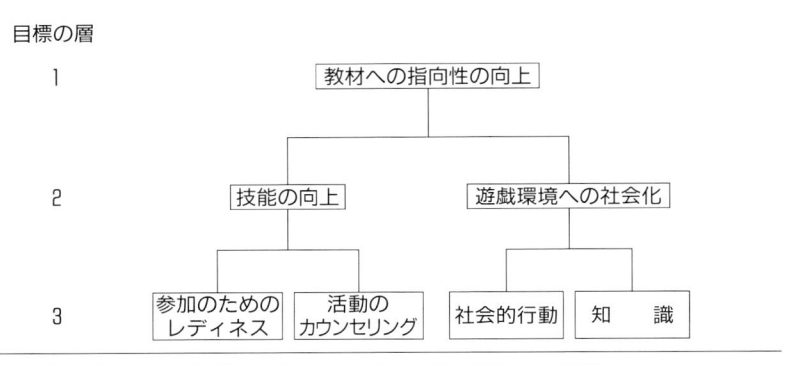

```
目標の層

  1                    ┌─────────────────┐
                       │ 教材への指向性の向上 │
                       └────────┬────────┘
                          ┌─────┴─────┐
  2              ┌────────┴───┐  ┌────┴──────────┐
                 │ 技能の向上 │  │ 遊戯環境への社会化 │
                 └─────┬──────┘  └────┬───────────┘
                   ┌───┴───┐       ┌──┴───┐
  3            ┌───┴──┐ ┌──┴───┐ ┌─┴────┐ ┌──┴──┐
               │参加の │ │活動の│ │社会的│ │ 知識 │
               │ための│ │カウン│ │行動  │ │     │
               │レディ│ │セリン│ │     │ │     │
               │ネス  │ │グ    │ │     │ │     │
               └──────┘ └──────┘ └─────┘ └─────┘
```

図1　体育プログラムの目標体系（シーデントップ，1981，p.274）

育の名称に相応しい教科論やカリキュラム論が十分納得のいく形で提案されているようには思えなかった。これに比して，シーデントップの提唱したプレイ体育論（楽しい体育論）は，まさにスポーツ教育と呼称するに相応しい教科論とカリキュラム論が盛り込まれていた。シーデントップの理論に注目したのはそのためであった。しかし，彼は当初あえてスポーツ教育という言葉を避けていた。そんなことから，私はシーデントップに向かって「あなたはなぜスポーツ教育という名称を用いないのか」とズバリ質問したことを覚えている。彼の答えは，「スポーツ教育という言葉を用いてもよいが，スポーツには，過度の競争，過度のトレーニング，非倫理的問題，商業主義に包囲されており，これらの非教育的問題によって誤解を招く恐れがある」ということであった。

　その後，シーデントップの考え方にも変容がみられるようになる。彼のプレイ体育論（楽しい体育論）は世界的に注目されたが，抵抗もまた強かった。他方，90年代になると世界的に学校体育の危機が叫ばれ，体育のアカウンタビリティが厳しく問われるようになった。そこから，体育の人間形成や身体形成に向けた新たな役割が追求されるようになる。そのような状況下で，今日のアメリカでは，ナショナルスタンダード（AAAHRD）が示され，そこでの体育概念は「身体的に教育された人間（physically educated person）」という言葉で表現されるようになる。これまでのように一元的なカリキュラムモデルによって覇権を競い合う時代から，多様なカリキュラムモデルの併存を認め，子どもの要求，地域の要求，さらに教師の要求に応じて最適なモデルを方略的に

選択していく行き方が定着するようになっていく。実際，今日では，小学校の低学年段階では「運動教育」モデルが，小学校の中・高学年段階からは「スポーツ教育」モデルが，また中等教育段階では「フィットネス」モデルや「概念教育」モデルが追加され，さらにいずれの段階でも学年はじめや学期はじめに「アドベンチャーゲーム」モデルが採用されるという傾向がみられる。

2．スポーツ教育モデルの魅力

　このような潮流の中で，シーデントップは，これまでのプレイ体育論を体育カリキュラムの中の1つの限定的モデルとして位置づけ，これを新たに「スポーツ教育」モデルとして提唱するに至る。つまり，彼は「スポーツ教育」を体育に置き換わるモデルではなく，体育の中の1つの中心的なカリキュラムモデルとして提案したのであるである。

　本書（sport education）が出版されたのは1994年のことであり，すでに8年の歳月が流れている。この本が出版された直後から注目し，紹介する機会もあったが，さまざまな理由で翻訳出版できないままにいた。しかしながら，わが国の学校体育事情も大きく変化し，新学習指導要領につづいて学習指導要録が発行され，新たな体育的課題が登場した。「体育授業時間の削減と子どもの運動生活の保障」，「人格的・社会的発達への関心の増大」，「学習指導と評価の一体化」，「総合的な学習と体育学習との連携」等々がそれである。これらの課題に関連して，シーデントップの「スポーツ教育モデル」が一段と輝きを増してきたように思え，改めてこの本を翻訳出版すべきだと判断した。ちなみに，スポーツ教育モデルはアメリカはもとより，オーストラリアやニュージランドで絶大な支持をえており，州のカリキュラムにも採用されている。

　スポーツ教育モデルの特徴を整理しておけば次のようである。これらの諸特徴は同時にスポーツ教育モデルをわが国において評価すべき理由でもある。
■「みんなのスポーツ」の実現をめざす
　スポーツ教育モデルは「みんなのための，すべてのスポーツ」を理念とする。わが国の学校体育も「みんなのスポーツ」「生涯スポーツ」の実現をめざ

している。しかし，現代のスポーツはさまざまな問題を抱えており，必ずしもすべての子どもたちが享受できるような文化にはなっていない。特に技能の低い者にとっては積極的に参加したり，その楽しさに触れる機会が奪われている。スポーツ教育モデルは，誰もが真のスポーツの楽しさを味わえるように最大限の努力を図っている。第1に全員参加をねらいとして「修正されたゲーム」が計画され，採用される。また，技能向上をねらいとした課題ゲームや練習ゲームが豊かに創出されている。このような考え方や，具体的な教材は日本の体育実践に大いに役立つはずである。第2に，「競争」の発想の転換を図るために，基準達成に向けた自己との競争に価値が強調され，そのことに重みをおいた評価システムが提唱されている。くわえて，試合の祭典的性格を前面に押し出すことによって，勝敗を超えて「集うことの楽しさ」を生み出そうとしている。

■オーセンティックなスポーツの楽しさが経験できる

　これまで体育で指導されてきたスポーツの教育は，「偽りのスポーツ教育」「箱庭的スポーツ教育」として捉えられる。スポーツ教育は，オーセンティックなスポーツの魅力にふれさせるために最大限の努力を払っている。本当のスポーツには「シーズン制」「チームへの所属」「記録の保存」「公式試合」「クライマックスとなるイベント」「祭典性」といった特性がみられる。スポーツ教育はこれらの特性を体育授業に導入することに関心を向け，以下のような企てがなされる。

①通常の単元以上に長い時間数が確保され，単元は「シーズン」と呼ばれる。
②メンバーシップを確立するため，シーズン中に所属するチームは固定化される。そして，それぞれのメンバーに役割が与えられ，それぞれに期待される行動が明確に示される。
③練習やゲームにおけるパフォーマンスが観察記録され，その結果がポイントシステムに反映される。その成果が評価や表彰に反映される。
④単元の中盤から公式試合が毎時間行われ，チームはこれに向けた練習や試合の準備を行う。また試合の結果はすべて記録に残され，評価の対象にされる。
⑤シーズンの終わりにはクライマックスとなるイベント（大会）を位置づける。

⑥このイベントの祭典的性格を強調するために，イベントに関わったセレモニーやさまざまな装置が設定される。くわえて，イベントに向けて祭典的雰囲気を高揚させていくために，シーズン過程でもさまざまな広報活動が実施される。またチームのアイデンティティを高めるため，チームの名前をつけたり，写真を撮って掲載したり，ユニフォームを揃えたりするような取り組みが行われる。

これらによって，子どもたちはオリンピックや世界選手権に出場したような気分でスポーツ教育シーズンに参加することができる。

■子どもの自律的学習を促進する

わが国では「生きる力」を指標に課題解決力の育成に大きな関心が払われている。体育分野においても生涯スポーツの実現に向けて，「スポーツに自立する人間の形成」がめざされ，「運動の学び方（思考・判断）」が新たに学習内容として位置づくとともに，「めあて・ねらい学習」に象徴されるように子どもたちの自発的・自主的学習の意義が強調されている。

スポーツ教育モデルでも，基本的に「子ども中心の学習」「チーム中心の学習」が標榜されている。もっとも，スポーツ教育モデルでは，発達段階や学習経験の違いに応じた柔軟な「教師の指導性」の発揮のし方が容認されるし，一律に「子ども中心の学習」に移行させることに賛同しているわけではない。しかし，基本的には授業の担い手を教師から子どもに積極的に移行させていくことが奨励されている。最終的には，チーム編成，役割分担，シーズンの試合の形式やルール，練習の内容や方法，試合のオーダー，授業外の活動等々，すべて決定権を子どもたちに与えていくことも可能である。そこでは，子どもたちによって選出された「スポーツ委員会」や各チームのキャップテンやマネジャーが中心になって学習のイニシアチブをとることになる。

このように子どもの自律的学習が尊重されるとしても，教師の指導性が放棄されるわけではない。教師は授業の計画や準備の段階で積極的に指導性を発揮することになり，子どもの自律的な学習を可能にするための学習資料は，教師の手によって周到に準備される。また，授業場面にあっても，新しい試合形式が導入されたり，それにともなって新しい技術や戦術が導入される際には，教師による直接的・間接的な指導が奨励されるし，特に技能の低い子どもに対す

る教師のフィードバック行動は不可欠であると考えられている．このような意味で，近年の欧米にみる「学習指導スタイル」や「学習指導ストラテジー」の研究成果が意識的に反映されている．

■体育の授業時間削減に対応できる

　子どもたちの学校外の運動生活がますます貧困になっていることに加えて，体育の授業時数が削減された．体育授業を基盤として子どもたちの豊かなスポーツライフをいかにして構築させるかが重要な課題になっている．このスポーツ教育モデルを実践した多くの教師は，そのモデルのもとで子どもたちが心からスポーツシーズンに熱中し，自発的に学習活動に取り組むようになったと報告している．特に，このモデルでは，「課外での自主的活動」を奨励し，その取り組みにインセンティブを与え，表彰システムに反映させるように仕組まれている．体育授業と放課後の活動や土曜日の活動との連携が課題である日本の実情を考えるとき，このスポーツ教育モデルに学ぶ点は大きい．

■「総合的な学習」に相応しい学習内容を提供する

　スポーツ教育モデルでの子どもたちが学習内容や役割行動は実に多彩である．スポーツイベントを企画し，準備し，運営する活動がすべて子どもたちに委ねられる．一種のミニオリンピックが教師の支援を得ながら子どもたちによって実現されていくのである．そこでの活動は，自ずから合科的，総合的学習になる．新学習指導要領に「総合的な学習の時間」が位置づき，そのあり方が積極的に論議されているが，子どもにとって生活活動の一部であり，しかも多くの子どもたちにとって魅力的なスポーツイベントに向けた取り組みを「総合的学習の時間」の1つの中心的なテーマに設定することは大変意義深いことである．

　各チームのフラッグづくり，イベントに向けたポスターづくり，チームの取り組み等を報告する新聞づくり，イベントの企画と役割の決定，練習やゲームで生じたトラブルと解決，ルールの修正，各チームのゲームの記録分析と作戦づくり等々，「総合的な学習の時間」の学習内容は豊富である．私たちは，茨城県結城千代川村宗道小学校の金子晃基教諭の指導のもとでスポーツ教育モデルによるフラッグフットの授業を試みたが，そこでは12時間の体育授業にくわえて6時間の「総合的な学習の時間」を活用した．巻末に学習活動の様子を

写真で示したのでご覧いただきたい。
■スポーツによる人格形成・社会性の形成がめざされる
　スポーツ教育は，人格や社会性の教育に大きな関心を向ける。体育におけるこの側面の教育的価値は一貫して自覚されてきたし，わが国の学習指導要領においても，目標としてまた学習内容として位置づけられてきた。しかしながら，その位置づけはきわめて観念的・形式的であり，どの程度実現されたのか，評価不可能であった。これに対して，スポーツ教育モデルは人格的・社会的目標を第三者が評価できる行動目標として具体化するとともに，これらの達成度を厳密な評価システムに組み入れている。この点は実に画期的である。例えばフェアプレイについていえば，フェアプレイの条項が厳格に規定される。そして，シーズンはじめに各チームに「フェアプレイポイント」が与えられ，チームのフェアプレイ行動，あるいはアンフェアプレイ行動によってポイントが加点されたり，減点されたりする。そして，シーズン終了時のポイント合計やクラスの投票によって「フェアプレイ賞」を与えるようなシステムが作られている。このようなシステムによって，フェアプレイはすべての子どもに自覚され実行されるようになる。
■学習指導と評価とを一体化させ，「信頼のできる評価」を生み出す
　相対評価の矛盾や問題点が指摘されて久しいが，今回の学習指導要録の改訂で絶対評価が導入された。このことは素直に評価すべきである。しかし，絶対評価は，学習目標や内容に対応した明確な評価基準がなければ，学校によって，教師によって，評価がバラバラになる可能性があり，評価の信頼性を保つことが困難になる。また現在，学習目標や内容の多様化が進んでおり，これらの全体にわたって正しく評価しようとすれば，教師は授業中に学習指導にもまして評価活動に追われることになってしまう。スポーツ教育モデルは，教師のこのような悩みに応えてくれる。このモデルでは，基本的に子どもの役割行動や練習や試合でのパフォーマンスを子どもたち自身が観察記録し，データとして保存し，評価に生かしていくようなシステムが用いられる。具体的には，以下のような目標に関わって記録が残され，評価の対象にされる。
①技能・戦術能（パフォーマンス）の評価は，子どもたち自身の練習や試合の観察記録によって累積され，信頼できるデータとして活用される。

②人格的・社会的発達（態度）の評価は，チームのなかの役割行動やフェアプレイの明確な規定に対応して自己評価，相互評価，教師による評価がなされ，ポイントシステムとして機能するように仕組まれる。
③授業外の自発的練習（意欲）が促進され，課外の練習ノートの記載が義務づけられ評価の対象にされる。
④中等教育段階では，知識の学習が重視され，アチーブメントテスト（知識）を通して評価される。
⑤学び方（思考・判断）に対する評価は，このスポーツ教育モデルでは示されていない。しかし，ここで示された全体的な評価システムに組み入れることはそれほど困難なことではない。つまり，このモデルで活用される学習ノートに「思考・判断」の個人的・集団的な記載項目を設けて個々人の学び方を評価すればよいであろう。

3．わが国でのスポーツ教育の実績

　このようなスポーツ教育モデルは，すでにわが国でも実践されてきた実績をもっている。昭和28年の学習指導要領を前後して理論化され，実践化された「生活体育カリキュラム」（生活単元，行事単元）は，まさにスポーツ教育モデルと呼ぶに相応しいものであった。この理論は，筆者の恩師前川峯雄先生と丹下保夫先生によって構想され，典型的には浦和市の小学校体育を中心に実践された。その理論モデルの骨子は次のようであった。
　生活体育は，「子どもたちの運動生活の合理化と充実」を目的とし，子ども中心の問題解決学習によって展開された。そのカリキュラムは，教科（授業）の枠にとらわれず，体育授業，HR・児童会，自由時の運動活動，そして体育行事との有機的な関連の中で構想された。具体的には体育行事（イベント）に向けて，基礎学習の場として体育授業を位置づけ，問題解決の場としてHR・児童会を，そして生活実践の場として自由時や放課後の運動遊びを統合する企てであった。このような考え方の背景には，子どもたちの遊びや運動生活は地域での行事によって強い影響を受け，それぞれのシーズンに催される行事を中

```
┌─────┬───────────────┐
│ 教  │      C        │
│ 科  │     ___       │
│ 外  │    B          │
├─────┤   ___         │
│ 教  │    A          │
│ 科  │   ___         │
│ 活  │               │
│ 動  │               │
└─────┴───────────────┘
```

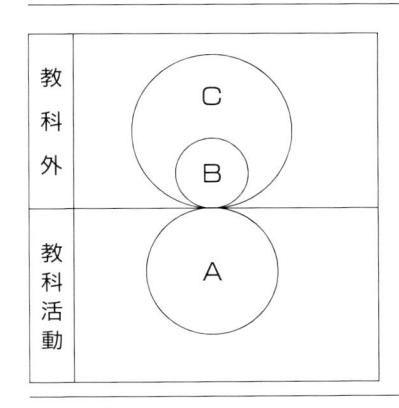

C 体育行事，自由時，クラブ活動：生活実践の場
B H・R，児童会：問題解決学習あるいは計画運営の場
A 体育授業：基礎学習の場

図2　生活体育カリキュラムの構造（前川，1973，p.119）

心に展開されているという「子どもの生活観」があった。これは体育分野内でのコアカリキュラムモデルであり、当時の教育学分野で提案されていた「三層四領域論」の体育版でもあった（図2）。

　この理論モデルのもとで、体育行事はクライマックスとなるイベントとして位置づけられていたし、固定的なチーム（異質グループ）が編成され、イベントに関わった運動種目の基礎的な学習が行われていた。また、HRや児童会では、イベントに向けての企画・運営について話し合いが行われるとともに、運動場面で生じるさまざまな問題が解決された。

　筆者の小学校時代はこの行事単元の全盛期であった。筆者が通っていた小学校は、京都市の体育研究指定校であったが、昭和28年には「日本一健康優良学校」に選ばれている。年間にいくつもの体育行事があり、体力測定は「記録会」と称して、測定項目である懸垂や50メートル走等々がすべて競技形式で行われた。器械運動の競技会、バスケットボール大会、ソフトボール大会、運動会、マラソン大会など多彩な体育行事があり、これらの体育行事によって子どもたちの自由時の遊びや地域の遊びが着色されていったことを思い出す。体育授業の何倍あるいは何十倍もの時間が自由時や放課後の活動として費やされた。ちなみに、筆者はこの器械運動の競技会で優勝し、その競技会を見た中学生にスカウトされ、体操競技を本格的にはじめるようになった次第である。

　古い話ではなく、現在でも単元の各時間に公式試合を位置づけ、終了時にク

ライマックスとなるイベントを開催するような取り組みはあちこちの学校でみられる。筆者が関わっている千葉県松戸市の八ヶ崎小学校は長年ボール運動の授業研究を行っているが，この学校の体育主任として活躍した小谷川元一先生（現在松戸市の教育委員会）の授業がまさにそうであった。先生が担任する1学級内ではあるが，クライマックスのイベントに向けて子どもたちは体育の授業時間はもとより，自由時や放課後までもチームで意欲的に練習に取り組み，授業中の試合では勝っては喜びの涙，負ければ悔し涙を流していた。公開授業では観察している教師が感動してもらい泣きする光景も見られた。

先日も，来日したオーストラリアのスポーツ教育学者のマクドナルド教授と一緒に，同校の高谷先生のファーストボール（バレーボールに似たネット型のボール運動）の授業を見る機会があったが，子どもたちの真剣な学習の取り組みや燃え上がるようなゲームの様相から，彼女は，「これはアメリカやオーストラリアで行われているもの以上に立派なスポーツ教育の授業だ」と高く評価していた。

このように，わが国でもスポーツ教育の伝統があり，実績をもっている。しかし，その理論的根拠やシステムの点で十分であったとは言えず，シーデントップの「スポーツ教育モデル」に学ぶ点が多い。日本的伝統を大切にしながら，新たなスポーツ教育の理論と実践を創造していきたいものである。

4．実践のための準備

最後に，実際に実践するにあたって，何を準備し，どのように授業を進めていくのか。この準備すべき事項については，Ⅰ部の2章及びⅡ部の各章で述べられているが，実際活用する際にすぐに参照できるように，準備すべき事項の記述箇所（頁）を一覧表（表1）で示しておくことにしたい。

1) 役割行動の規定：キャプテン，副キャプテン，マネジャー，審判，スコアラー，観察記録係，広報係等々の役割行動を明確に規定している。
2) フェアプレイの行動規定：フェアプレイやアンフェアプレイ行動を明確に規定している。

3) 公式試合の方法・形式と日程：公式試合の方法やそのスケジュールについて具体的に記述している。
4) 練習とゲームの記録：運動技能の向上に関わった信頼できる評価を行うためには，練習過程や試合でのパフォーマンスを観察記録してデータとして保

表1　スポーツ教育実践のための準備（掲載頁）

	2章	3章	4章	5章	6章	7章	8章	9章	10章	11章
役割行動の規定（キャプテン，マネジャー，審判，記録等）	45〜46	62, 66	74, 76, 78	91, 98〜99	105, 110〜111	116, 121〜122	129, 131〜132, 133, 136〜137, 138, 140〜141	143, 147〜148		
フェアプレイの行動規定	51〜54			99	113					166〜170
公式試合の方法・形式と日程	47〜49	66〜70	78〜86	99	111	123〜124		149		
練習とゲームの記録	50〜51, 55〜57	63〜66	77, 79〜86		106〜110		130〜131, 134〜136, 138〜140	145〜147		
チーム編成	42〜45	63	75	94〜95	106	117〜118	129〜130	145		
修正ゲームづくりの工夫	38〜40	66〜70	78〜86		109〜110	123	140			
祭典的雰囲気の演出（セレモニー，広報，新聞，掲示板）	36, 49〜50			103〜104		123				168〜171, 172〜173
ポイントシステムと表彰	57〜58	70〜72	86〜88	100〜103	111〜113	124	132, 136〜137, 140〜141	149〜150	156〜157	171〜172
コーチノート	35〜36			97						
技術・戦術資料		66〜70	78〜86		96	106〜110				
チームのアイデンティティ（ユニフォーム，掲示板，チームの名前，写真，ホーム練習場）	36, 47			96						

存していく必要があるが，その観察記録の方法について記述している。
5) チーム編成：スポーツ教育モデルでは，さまざまな意味でチームが重要な機能を発揮するが，チーム編成の具体的な方法について記述している。
6) 修正ゲームづくり（ゲームと練習）の工夫：スポーツ教育モデルでは，すべての子どもがゲームに積極的に参加し，そこで豊かな学習がなされるように，さまざまな教材づくりが行われている。そのいくつかの事例が示されている。
7) 祭典的雰囲気の演出：クライマックスとなるイベントに関わって祭典的雰囲気を演出するための取り組みが重視されるが，その取り組み方について具体的に記述されている。
8) ポイントシステムと表彰：スポーツ教育モデルは信頼できるオーセンティック・アセスメンとを実現させようと努めている。このためにさまざまな行動にインセンティブが与えられ，ポイントシステムに反映されるようになっている。また，そのポイントシステムの結果にもとづく表彰制度が採用される。そのシステムや具体的方法が記述されている。
9) コーチノート：役割行動，ポイントシステム，試合のオーダー表，試合の結果の記録等々，スポーツ教育を実践するための学習資料が必要になるが，その一覧が記載されている。
10) 技術・戦術資料：子どもたちが自主的に学習を進めていくためには，学習する技術や戦術に関わった資料が必要になるが，これに関わった事例が示されている。
11) チームのアイデンティティ：チームに所属し，チームのアイデンティティが形成されることによって，スポーツシーズンが盛り上がっていく。このアイデンティティを形成するための方策が記述されている。

〔引用文献〕
前川峯雄編集責任（1973）：戦後学校体育の研究，不昧堂：東京，p.119
シーデントップ：髙橋健夫訳（1981）：楽しい体育の創造，大修館書店：東京，p.274

●スポーツ教育モデルによる
フラッグフトの授業
茨城県結城郡千代川村宗道小学校、金子晃基教諭による4年生の授業

やった！

　ここでは，スポーツ教育モデルを適用して実践されたフラッグフットボールの授業を写真で紹介しておこう。授業は金子教諭によって行われた。このシーズン（単元）は12時間の体育授業と6時間の総合的な学習の時間を使って展開された。総合的な学習の時間では，写真でみるように，チームのフラッグづくり，新聞づくり，ポスターづくりが行われたほか，ゲーム分析や作戦カードづくり，そして最後のイベント（スーパーボール）の企画運営やさまざまな役割が決定された。これらの取り組みを通して，授業は次第にもりあがり，また学習の成果があがっていった。子どもたちはきわめて高度な戦術を考え，それをゲームで成功させていたし，また重視された社会的行動や役割行動も確実に実行するようになった。スポーツ教育モデルは間違いなく子どもたちを熱狂させるし，彼等の学校生活を楽しく豊かなものにする。

フラッグフットはボールを持った鬼ごっこ

ぬける！　タッチダウンだ！

レディ／　早く出して！

総合的な学習の時間での取り組み
－ スポーツ教育は合科教育に発展する －

今日はみんなでポスターづくり

みんなで作った掲示板

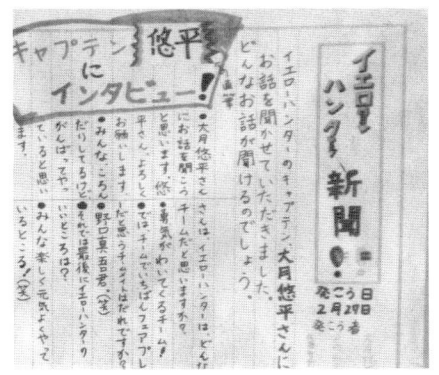

カベ新聞　家にも送ったよ//

ろうかに貼られたポスター

みんなで作ったチームフラッグ

フラッグフットの授業はやさしい。だからみんなで考えて成功の喜びが味わえる。

準備運動はキャプテンの指導で

なわとびでボールわたし

フラッグとり　ボールは使わないよ

レディ・ゴー！

ガードだ　回われ！

ハドル（作戦タイム）

フラッグとった！

ぬけた！

次は必ずタッチダウンだ！

やった！タッチダウン！

クライマックスのイベントはスーパーボール。
大会はみんなで運営するョ。

開会式

審判、ここでキャッチ？

広報係　フェアプレイ・ファインプレイの掲示

お互い精一杯頑張ろう！

よく頑張った　最高のプレイだったね

2年生が応援にきてくれた

キャプテン賞だ

いろんな表彰状　みんな表彰されたよ

さくいん

あ行

アイデンティティ ……………………47
アカウンタビリティ・システム
　（評価システム）……………45,54,57
アクロバット・スポーツ ……………88
アタッカーの場 ………………………108
アドバイザー …………………………125
安全 ………………………………………89
アンフェアプレイ ……………………53
1対1（サッカー）……………………66
イベント …………………………49,50,123
ウォームアップ ………………………65
運営 ………………………………………17
運営委員会 ……………………………148
運動測定係 ……………………………141
エアロビクス …………………………138
演技者 ……………………………………78
演技の創作係 …………………………141
オーバーハンドパスの場 …………108
オリエンテーリング …………………136
オリンピズム …………………152,158
オリンピック委員会 …………………164
オリンピック運動の目的 ……………158
オリンピックカリキュラム …………160
オリンピック賞 ………………………165
オリンピックシンボル ………………172
オリンピックの信条 …………………173
オリンピックプロトコル ……………172

か行

外国の伝統スポーツ …………………38
学習資料 …………………………………35
学習ノート ………………………………97
観戦者 ……………………………………78
完全な参加 ………………………………28
器械運動 …………………………………74
器械運動シーズンの試合 ……………48
儀式形式 …………………………………54
記述テスト ……………………………155
技術ポスター ……………………79,103
規定演技 ……………………………77,78,79
技能と戦術能の評価 …………………145
技能と体力 ………………………………17
キャプテン契約書 …………………63,75
キャプテン賞 ……………………………72,88
教育目標 ………………………………158
教科選択 …………………………………37
競技会 …………………………135,139,155
競技形式 …………………………………43
教師の役割 ………………………119,124
競争 ………………………………29,30,31
競争観 ……………………………………99
競争的行為 ………………………………31
「教養のある」スポーツ人 …………16
協力的活動 ………………………………17
距離走チャレンジ ……………………136
儀礼の尊重 ………………………………17
記録係 …………………………45,50,56,148
記録の保持 ……………………24,27,50,66
記録用紙 …………………………………51
筋力と柔軟性の競技 …………………140
筋力トレーニング ……………………128
クールダウン ……………………………77
くじ引き ………………………………129
組体操 ……………………………………88
クライマックスのイベント …………24,27
クラス対抗試合 ………………………123
掲示板 …………………………………122
ゲーム時間 ………………………………39
公式試合 ……………………………23,26
公式スケジュール ……………………26

攻防練習ゲーム（タスクゲーム）	109	スキル・チェックリスト	56
コーチノート	35	スキルテスト	43, 154
コート分離型スポーツ	37	スキルハッスル	107
国際教育	160	スケジュール	47, 130
コンピューター集計シート	113	スコアシート	68

さ行

サーブの場	109	すべてのスポーツをみんなのために	18
最終競技会	131	スポーツ委員会	38, 42, 46, 53, 122
サッカー	39, 62	スポーツ委員の選出	117
サッカーシーズンの試合	48	スポーツ教育シーズン	92, 104
参加機会	35, 38	スポーツ教育モデル	15, 16, 101, 115
3対3（サッカー）	68	スポーツ種目	92
試合形式	43, 47, 99	スポーツの競争	31
試合のスケジュール	23	スポーツの問題解決能力	17
シーズン	22, 25, 40	スポーツ文化	18
シーズンスコア整理ノート	101	スポーツ理事会	38
シーズンの構成	123	零和の競争	31
支援者	126	選手権試合	112
持久力競技	140	戦術能	17
ジグザグライン・ジャンプの場	108	「善良な」スポーツ人	51
実践的知識	17	総当りのリーグ戦	48
室内サッカー	65	総合スポーツ賞	100
自発的参加	17	総合的な学習活動	103

た行

社会的な目標	156	ターゲット型スポーツ	37
自由演技	78, 85	体育の成績	153
修正ゲーム（簡易ゲーム）	117	体育プログラム	142
授業時間外の練習	47	体重別	129
宿題試験	89	タイムトライアル	134
種目選択	37	タイム予測走	135
少人数化	38	多段階モデル	166
「情熱的な」スポーツ人	17	タッチラグビー	116
職業教育	29	多文化教育	160
新体操	88	チームキャプテン賞	113
侵入型ゲーム	37, 73	チーム賞	72, 132
心拍数競技	140	チームへの所属	23, 26
審判	45, 56, 111	チーム編成委員	44, 117
審判のし方	122	チームポイント	86, 111
信頼できる評価	152	チームワーク・ポイント	100
スキル・ウォームアップ	65	チームワーク賞	72, 86

チェックリスト	79	副コーチ	45
直接的指導	118	プレテスト	75
適切な服装	111	平和教育	160
テニス	116	ペース練習チャレンジ	135
テニスのリーグ戦	48	ペナルティ	101
道徳的価値	32	ポイントシステム	57,72,124,156
当番チーム	44,98,120	妨害予防の約束	65
トーナメント・ポイント	101	ホームエリア	96
得点係	45	ホームマット	77
得点のつけ方	83	ホーム練習場	47
特別賞	132	補助者	78
ドリブルテスト	63		
トレーナー	46,122		

≡ ま行 ≡

マネジメントのチームポイント	112
マネジャー	46,119,121
ミニサッカー・トーナメント	70
目標設定チャレンジ	135

≡ な行 ≡

2対2（サッカー）	67
ニュースポーツ	38
認定証	124
年間カリキュラム	163

≡ や行 ≡

約束行動	63,96,106
約束事	77
役割帳	46
有酸素能力テスト	138
優秀技能賞	132
有能性の追求	31
「有能な」スポーツ人	16
予備テスト	129
予備日	97

≡ は行 ≡

バスケットボール	39
パフォーマンスの記録	132,155
バレーボール	38,105
バレーボール選手権賞	112
判定係	141
ハンディキャップ走	135
ビデオ	103
美的教育	160
評価基準	56,145
評価システム	45,156
フィットネス	92,128
フェアプレイ	32,53,70
フェアプレイ・ポイント	100
フェアプレイ・ポスター	103
フェアプレイシステム	168
フェアプレイ賞	72,88,113
フェアプレイの同意書	168
フォーム型スポーツ	37
副キャプテン	45,95

≡ ら行 ≡

ランクづけ	134
ランニング	133
リーダーシップ	17
陸上競技の総当たり戦	48
ルーティーン競技	140
レベルに応じた参加	17
練習報告システム	57

≡ わ行 ≡

ワークシート	84

【著者】

シーデントップ（Daryl Sidentop）

1938 年生まれ

1968 年インディアナ大学大学院博士課程修了・体育学博士

現職　オハイオ州立大学体育学部　名誉教授（2002 年定年退職）

主著　Physical Education-Introductory Analysis（1972）

　　　Developing Teaching Skills in Physical Education（1976）：サマランチ賞受賞

　　　Sport Education（1994）他多数

専攻　スポーツ教育学：カリキュラム論，授業研究

学会　A Fellow of The American Academy of Kinesiology and Physical Education

　　　A Member of National Association for Sport and Physical Education

【監訳者】

髙橋健夫　筑波大学教授　体育科学系

【訳者】

髙橋健夫　　まえがき，1 章，2 章，あとがき，解説，付録
伊藤徳之　　北海道教育大学釧路分校助教授　教育学部　5 章
岩田靖　　　信州大学助教授　教育学部　8 章，9 章
岡出美則　　筑波大学助教授　体育科学系　3 章
友添秀則　　早稲田大学教授　スポーツ科学部　10 章，11 章
長谷川悦示　筑波大学講師　体育科学系　7 章
松本奈緒　　東京福祉大学講師　4 章
米村耕平　　筑波大学大学院博士課程　体育科学専攻　6 章

新しい体育授業の創造 ―スポーツ教育の実践モデル―

ⓒ Takeo Takahashi 2003

NDC 375 200p 21cm

初版第1刷発行 ― 2003年7月1日

著　者	ダリル・シーデントップ
監訳者	髙橋　健夫
発行者	鈴木一行
発行所	株式会社大修館書店

〒101-8466 東京都千代田区神田錦町 3-24
電話 03-3295-6231（販売部）　03-3294-2359（編集部）
振替 00190-7-40504
［出版情報］http://www.taishukan.co.jp

装幀者	平昌司
印刷所	壮光舎印刷
製本所	司製本

ISBN 4-469-26529-2　　Printed in Japan

Ⓡ本書の全部または一部を無断で複写複製（コピー）することは、
著作権法上での例外を除き禁じられています。